越玩越聪明的思维游戏

畅销升级版

阿志 著

中国纺织出版社有限公司

内 容 提 要

人们不分年龄，都喜欢玩思维游戏。这些题目本身并不高深，它们不需要你懂得很多的知识，只需要你发挥观察力、想象力和创造力。无论是本书的图形谜题、逻辑推理还是数字计算、烧脑数独，乍看上去没那么容易，找不到思路着手，但只要你仔细观察、严密推理，甚至灵光一现的反常识灵感都能帮助你解开。解开这些题目，你不但可以享受思考的乐趣，还可以从中获得启发，解决生活中的难题。赶快一试身手吧！

图书在版编目（CIP）数据

越玩越聪明的思维游戏：畅销升级版 / 阿志著. -- 北京：中国纺织出版社有限公司，2020.8
 ISBN 978-7-5180-7337-5

Ⅰ.①越… Ⅱ.①阿… Ⅲ.①智力游戏 Ⅳ.①G898.2

中国版本图书馆CIP数据核字（2020）第070692号

策划编辑：郝珊珊　　责任校对：寇晨晨　　责任印制：储志伟

中国纺织出版社有限公司出版发行
地址：北京市朝阳区百子湾东里A407号楼　邮政编码：100124
销售电话：010－67004422　传真：010－87155801
http://www.c-textilep.com
中国纺织出版社天猫旗舰店
官方微博http://weibo.com/2119887771
佳兴达印刷（天津）有限公司印刷　各地新华书店经销
2020年8月第1版第1次印刷
开本：880×1230　1/32　印张：6
字数：232千字　定价：45.00元

凡购本书，如有缺页、倒页、脱页，由本社图书营销中心调换

前 言

具有超常思维能力的人更容易获得成功，因此对于人们来说，全面开发自身的思维能力，远远比考试获得优异的成绩更加重要。思维游戏则是锻炼思维能力、充分发掘大脑潜能、提高智力水平的重要方法。

本书精选了近300道经典的思维游戏，主要分为4个类别，分别是图形谜题、逻辑推理、数学计算和烧脑数独。其中有看似复杂、转换思维后却发觉非常简单的推理题，有让人困惑不解、需要仔细观察的图形难题，有需要逻辑思维和判断力才能搞定的数独游戏等。这些浓缩了思维训练精华的游戏能帮助你快速掌握提高思维能力的有效方法，让你越玩越聪明。

阿志

2020年1月

目 录

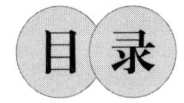

Chapter1　图形谜题……………………………………001

Chapter2　逻辑推理……………………………………041

Chapter3　数字计算……………………………………105

Chapter4　烧脑数独……………………………………147

Chapter1

图形谜题

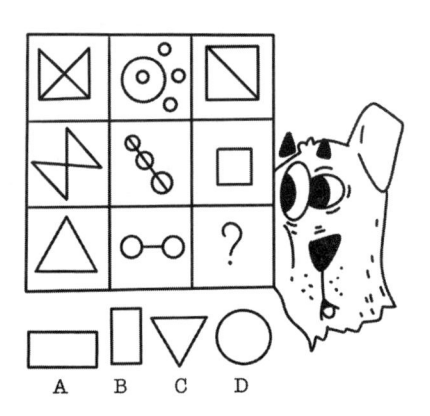

1.下面这个图形出现在印度的一扇门上的,它标识的是什么呢?

2.在下图你能数出多少个正方形呢?

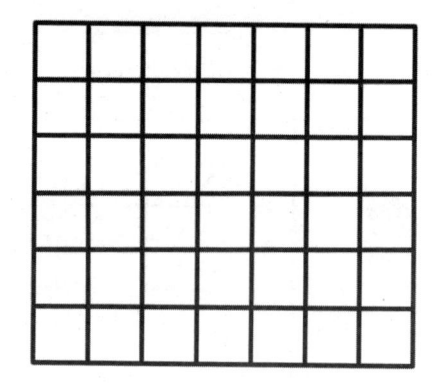

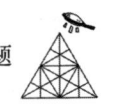

3.你能通过仅仅移动图中的3根火柴制作成4个相同的三角形吗?

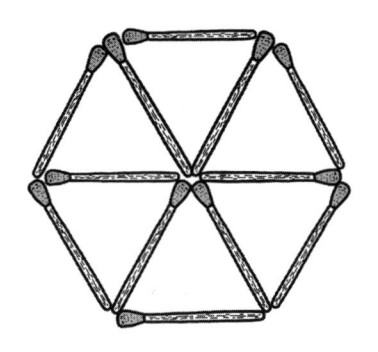

4.请你使用1~16的数字填写下面网格,每个数字只能使用一次,从而使横向、纵向、对角线、中央4个数字、4个角上的数字之和都等于34。

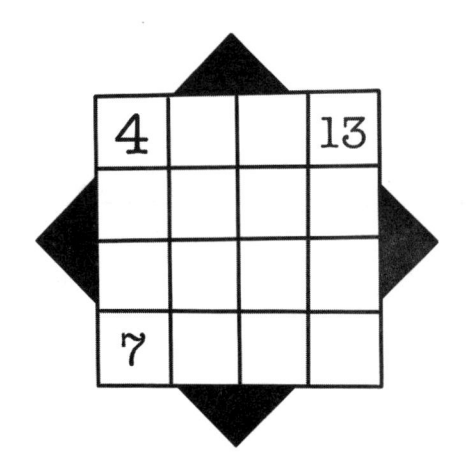

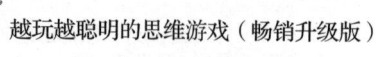

5.一张十字形的纸,你能通过剪两下使它形成一个正方形吗?

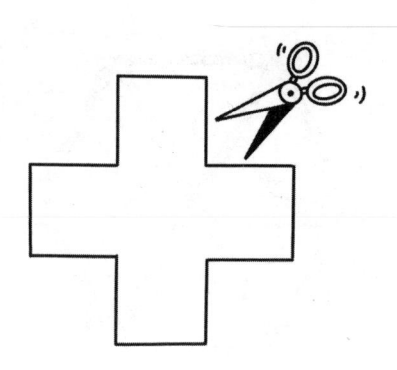

6.如下图所示,共有10个经理专用停车位,后来公司又招聘了一名经理,如果不能双向停车且要保证每个停车位都一样大的话,怎么解决新经理的停车位问题呢?

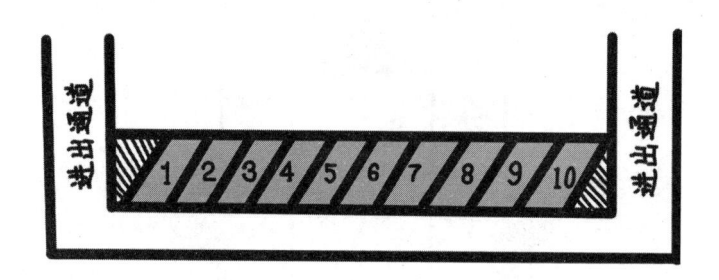

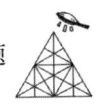

7.先用12根火柴摆个六边形（如下图所示），再用18根火柴在里面摆6个相等的小六边形，应该怎么摆呢？

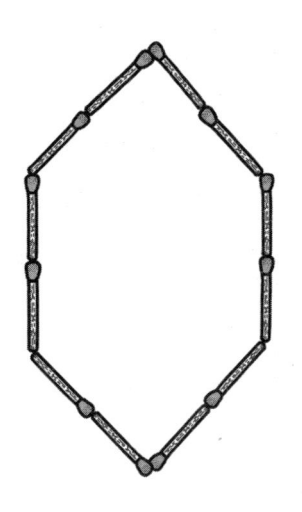

8.请尝试用两条直线把下面状若月牙的图形分为6个部分。

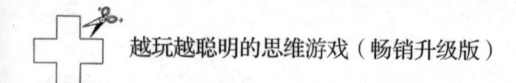

9.下图6×6的网格中有36个a，你能划掉12个a，使得未划掉的a在纵横每行的数目相等吗？

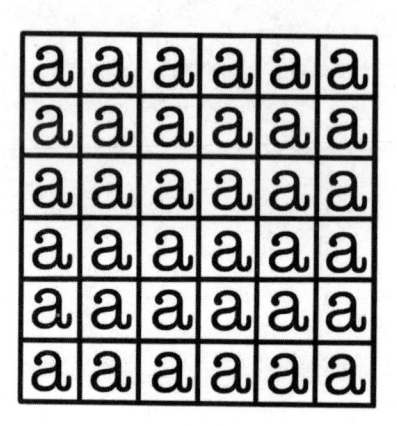

10.下面字母方格里藏了一个单词，请试着找出来。

11. 下图中共有多少个圆圈呢？请你数出来。

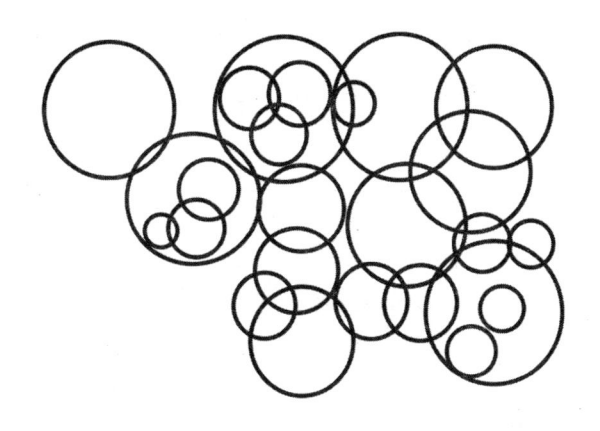

12. 观察下图两组图形，选项中只有一组图形与它们具备同一特点，请试着找出来。

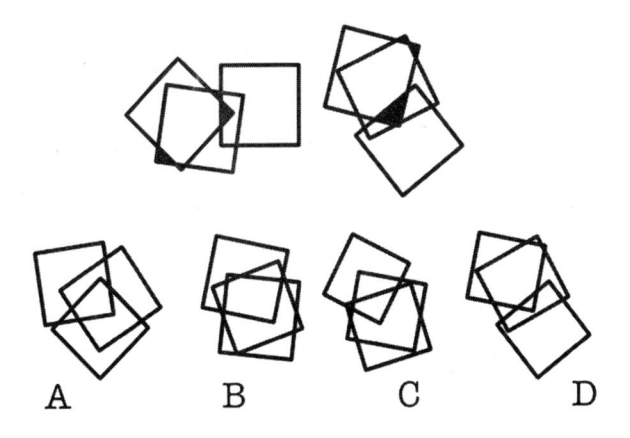

A B C D

13. 动物园用围栏围出了6个房间，现在引入两个珍稀动物，它们不能和其他动物放在一起。工作人员开动脑筋，只添加了图中的4根围栏，就让原来的6个房间变成了9个。你知道是怎样添加的吗？

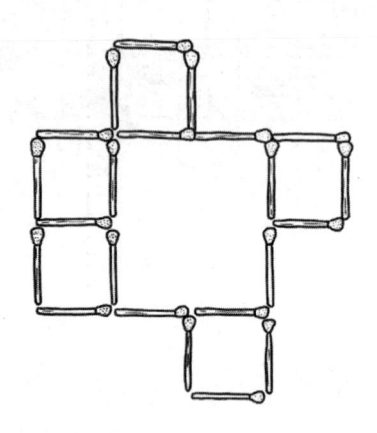

14. 下列5个字母中，哪个与其余4个差别最大呢？

AZFNE

15. 在下图中，你能移动1根火柴就将duck（鸭子）变成另一种动物吗？

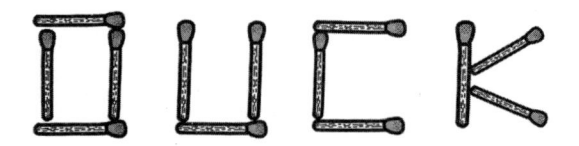

DUCK

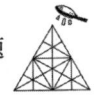

16.从1～5的25个数字整齐排在方格中，请你将它们打乱，重新排列一下，使纵、横各行数目的和都相等，并且同一行中一个数字不能出现两次。

17.请在下面竖线中找出最长的一条。

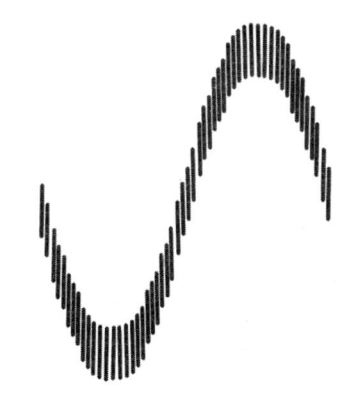

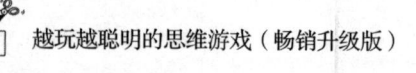

18. 下图是由10个硬币排成的三角形，你能否只移动其中的3个，就让三角形上下颠倒呢？

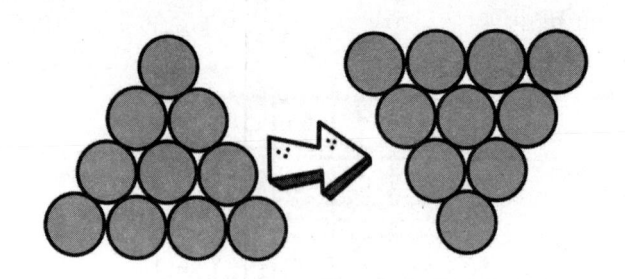

19. 如果下面这个凹槽四面都很完整，那么它总共用了多少块砖呢？

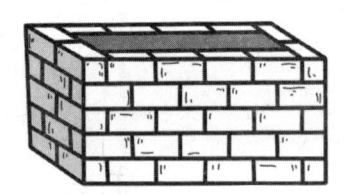

20. 请观察并找出和其他选项不一样的图形。

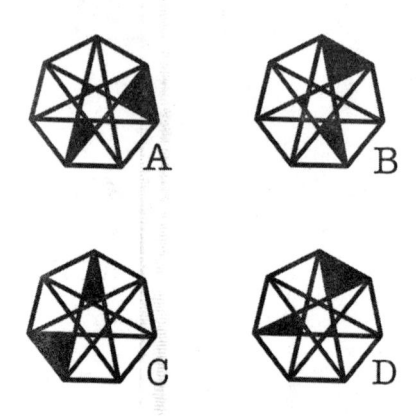

010

21.请你数一下下图中共有多少个正方形。

22.请找到与众不同的火柴人。

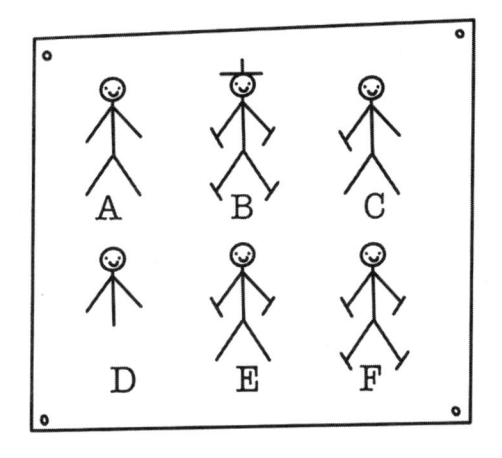

23.下面8个单词有什么共同点呢?

        crabcake   stupid   laughing   hijack

        calmness   first   canopy   deft

24.尝试数一下下图有几个三角形。

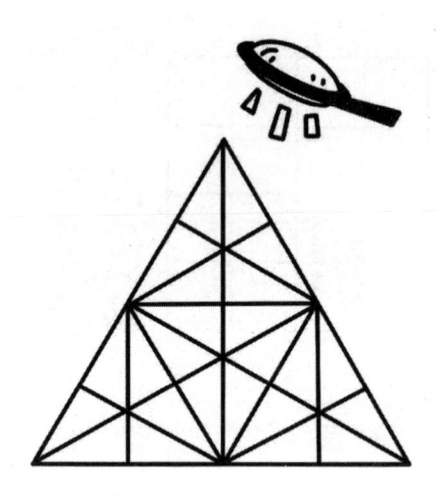

25.一张纸如下图所示,爸爸让乐乐通过剪两次拼成一个正方形,你能帮帮乐乐吗?

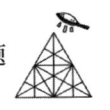

26. 把一个白色立方体的6个面涂成灰色，然后分成27个小立方体，请你数一下，有多少个小立方体3个面是灰色，有多少个小立方体2个面是灰色，有多少个小立方体1个面是灰色。

27. 请仔细观察下图的9个箭轮哪个与其他的不一样呢？

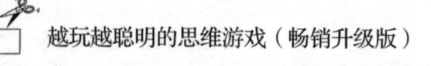

28.请给罗马数字IX加上一个符号，使其变成一个偶数。

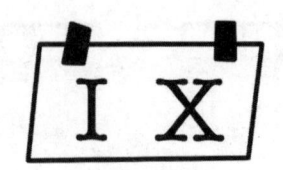

29.方格中，最后一颗星星是什么样的呢？

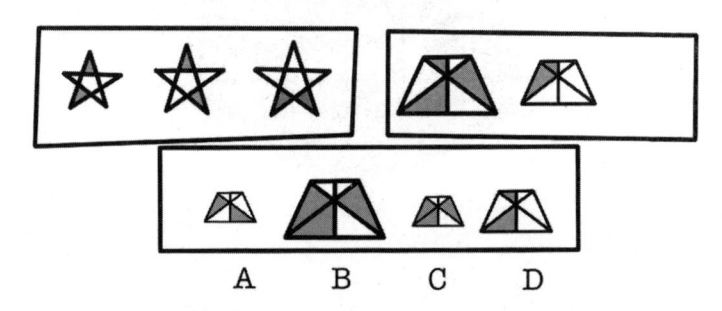

30.下面哪个图形与众不同？

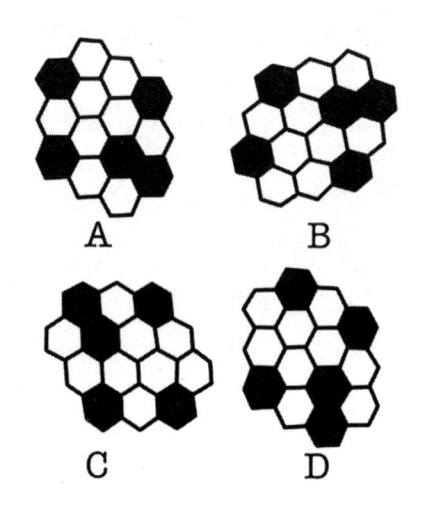

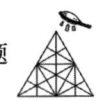

31.下面又是哪个图形与众不同呢?

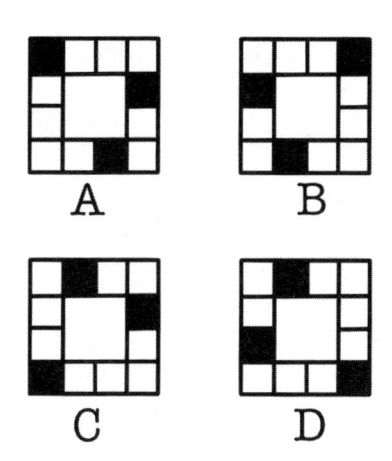

32.请根据前面一组风扇的变化特点,推断出后面一组问号处的风扇形状。

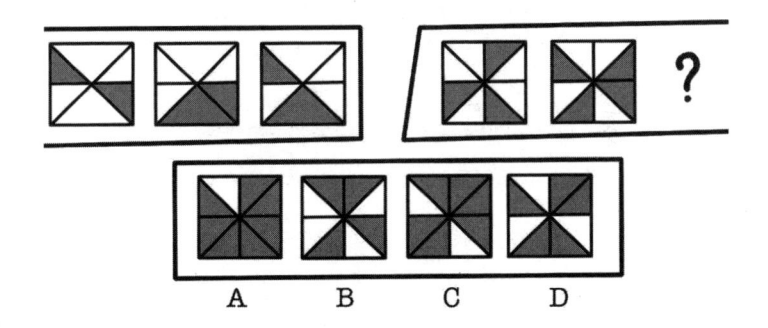

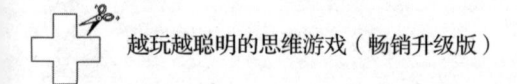

33.请在下列A、B、C、D、E 5个选择中找出与其他3项不协调的2个图案。

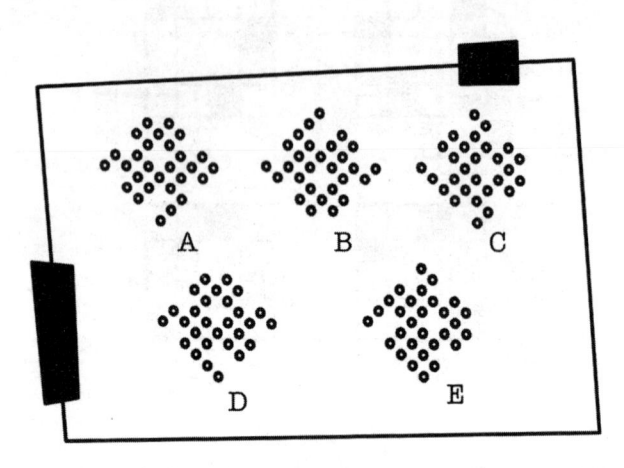

34.下列哪一个图形与众不同?

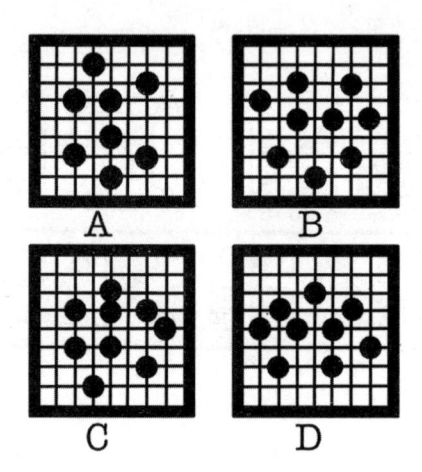

35.没有规矩不成方圆,下面哪一个选项可以放在前面一组方圆阵的后面呢?

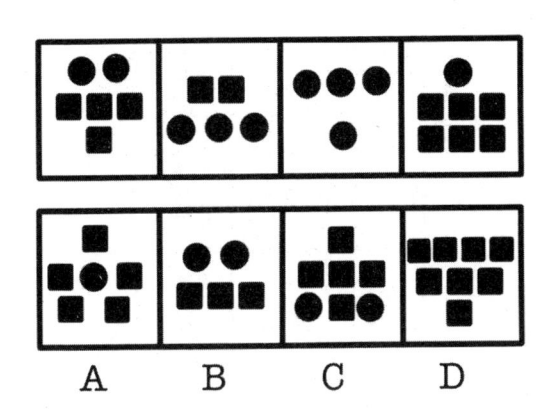

36.你能发现下面这些火柴棒移动的规律吗?请从A、B、C、D四个选项中找出合适的替换到问号处。

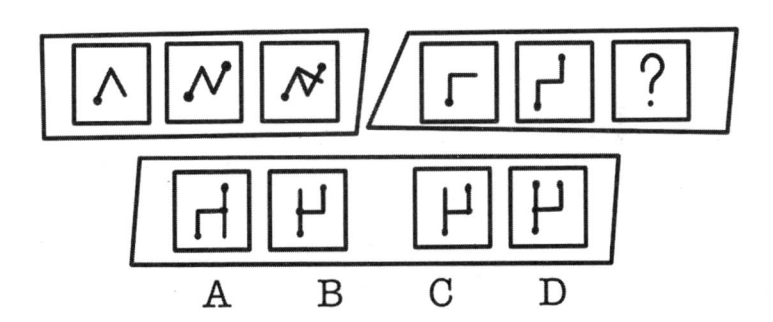

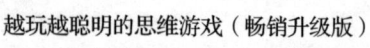

37. 仔细观察下面这些汉字的特点，找出一个合适的字填补在问号处。

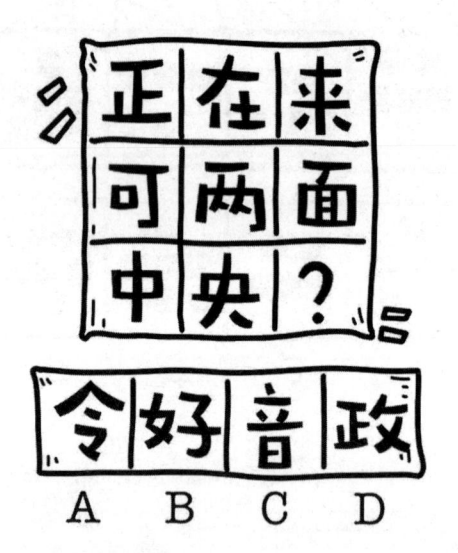

A 令　B 好　C 音　D 政

38. 转动下面的时钟，会得出A、B、C、D 4个选项中的哪一个来呢？

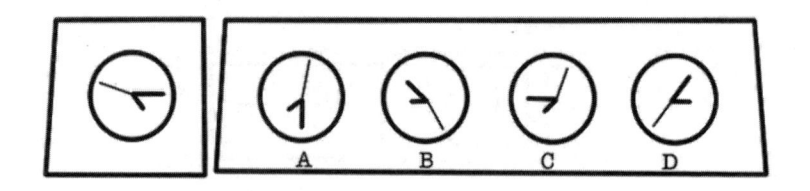

39.下面这个图形很简单,应该难不倒你吧?

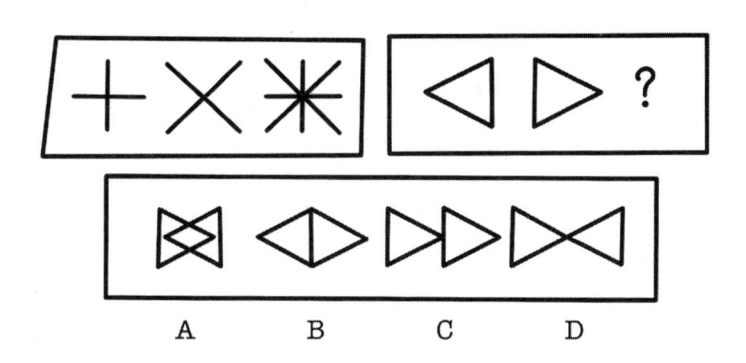

A   B   C   D

40.问号处的英语字母应该是A、B、C、D选项中的哪一个呢?

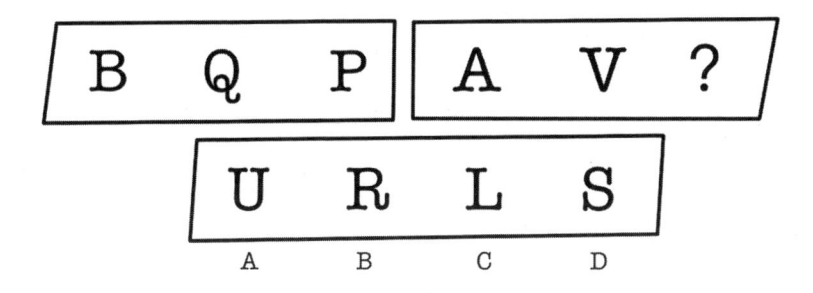

A   B   C   D

41.找出下面几何图形的规律,说说问号处的图形是A、B、C、D选项中的哪一个。

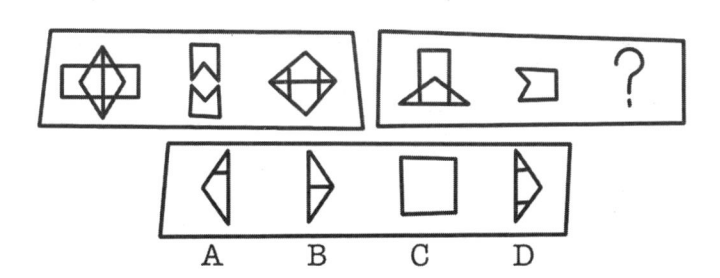

A   B   C   D

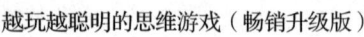

42. 下面的4个图形中都有一条线段，请找出它们的规律，从A、B、C、D 4个选项中挑选一个符合这一规律的图形放在这4个图形之后。

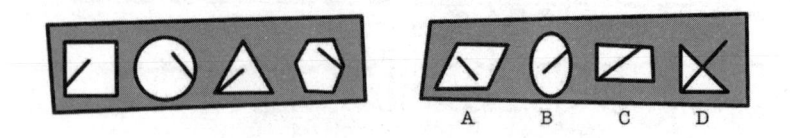

43. 下面4个选项中哪一个图和上面的规律一致？请找出来并替换到问号处。

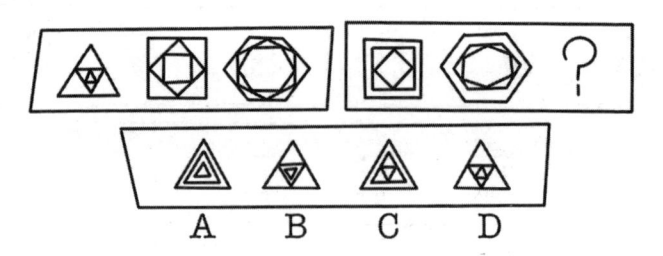

44. 从A、B、C、D 4个选项中挑选一个符合左边四个图形变化规律的放在这四个图形之后。这道题很简单，可是一定要看清楚了再选择哟！

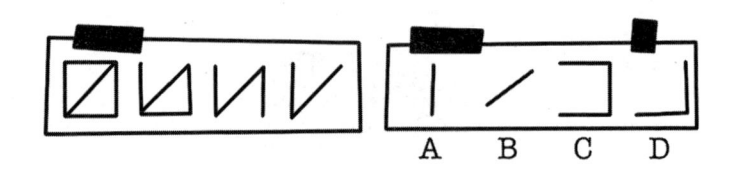

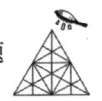

45.问号里空出来的图案是4个选项中的哪一个呢?

46.下面是两个用火柴摆成的算式,显然它们是不成立的,你能在每个算式中只移动一根火柴使之成立吗?

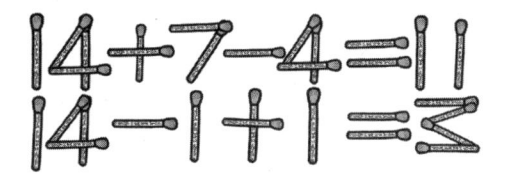

47.请移动4根火柴,把小船变成3个梯形。

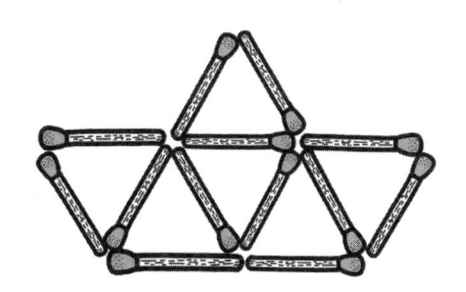

48. 下图是由15根火柴排出的两个等边三角形，试一试，移动其中的3根火柴，把它变成4个等边三角形。

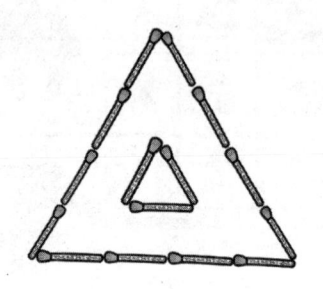

49. 牧师和他的朋友们一起动身去教区。他指着自己教区某部分的地图（如下图所示），那里有一条不大的河，再往南经几百里入海。牧师说："河的分岔处形成一个岛，岛上有我本人简陋的小屋。在图的一边可以看到教区的教堂。再看全图，在我的教区的河上分布着八座桥梁，我想沿着往教堂的路上访问一些自己的教民，在完成这次访问时每座桥只经过一次。我不坐船过河，不游泳也不涉水而过，我不像田鼠那样在地下挖隧道，也不能像鸟一样飞过河。你们当中有人能找到我从家里前往教堂的这条路线并且不越出教区的边界吗？"

50.你能发现下面图案中的秘密吗？如果你能发现，就知道问号处应该选什么了。

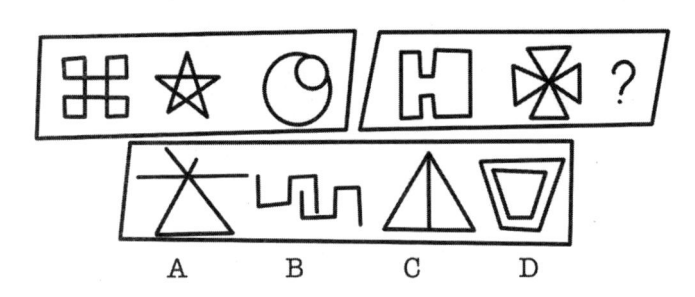

51.问号处的箭头应该是A、B、C、D 4个选项中的哪一个？

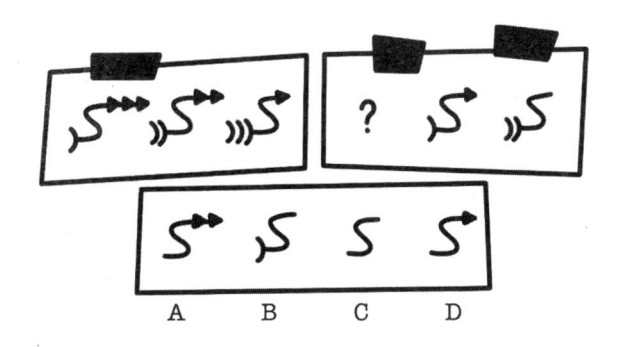

52.转动方格，想想最后一个方格应该是A、B、C、D中的哪一个？

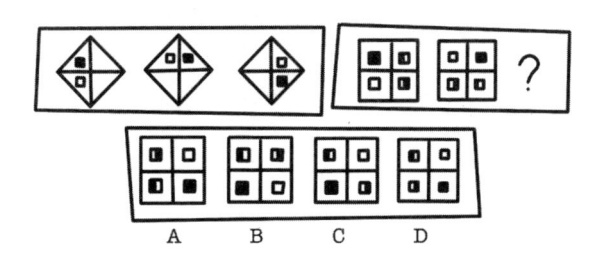

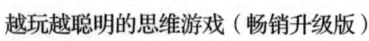

53.下面的图形经过重叠不断变化,请根据其中的规律判断出最后一个图形。

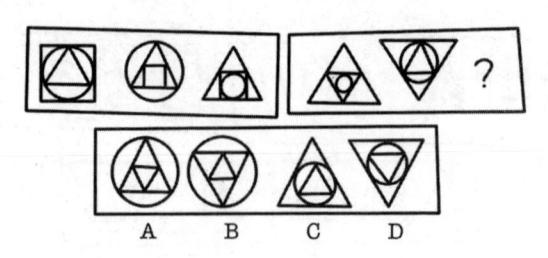

54.下面的跳马很奇怪,你能发现它们变化的规律吗?

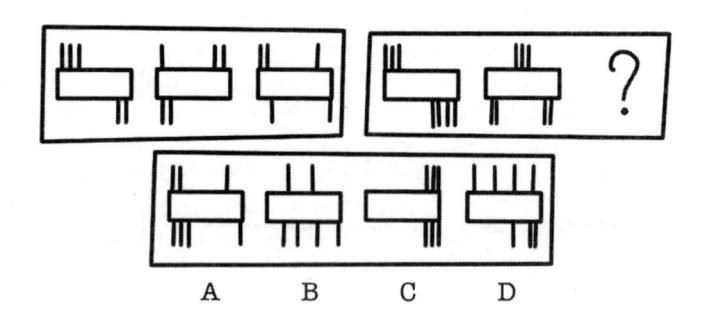

55.下面的组合图形存在着某种规律,试着发现这个规律,将第5个图从A、B、C、D 4个选项中找出来。

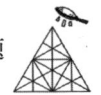

56.A、B、C、D 4个选项中哪一个符合前面方格中黑白的变化规律?

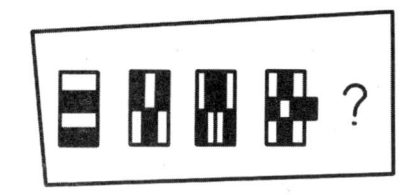

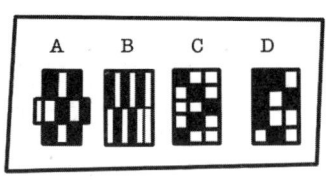

57.A、B、C、D 4个选项中，哪一个最适合填入问号处?

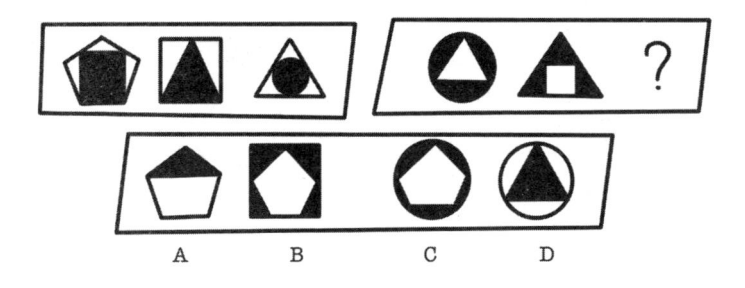

58.这个九宫格里藏了一则暗语，你能根据所给出的提示猜出它所要传达的意思吗?

59. A、B、C、D 4个选项中，哪一个看起来最能和九宫格里其他图案组为一个系列呢？

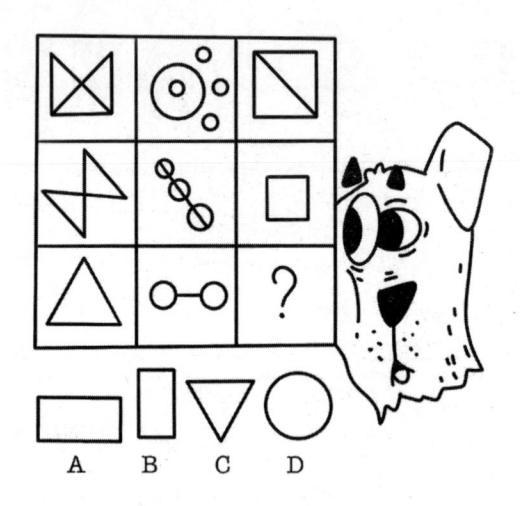

60. 找出下面十字架图形中存在的内在规律，从A、B、C、D 4个选项中挑选一个放在最后。

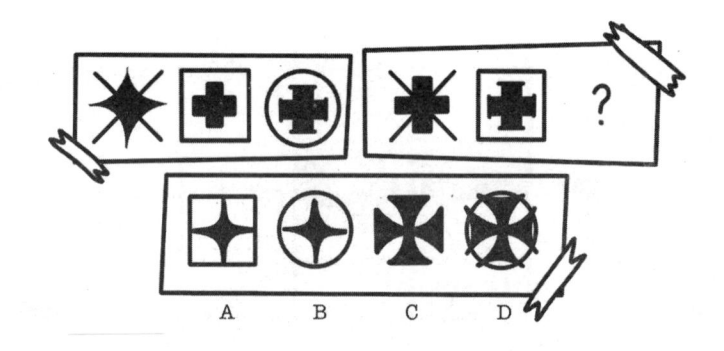

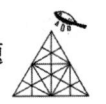

61.你能看懂这些奇怪的字符之间的规律吗？从A、B、C、D 4个选项中挑选与之对应的一个替换图中的问号。

62.A、B、C、D 4个图案中，应将哪一个放到问号处？

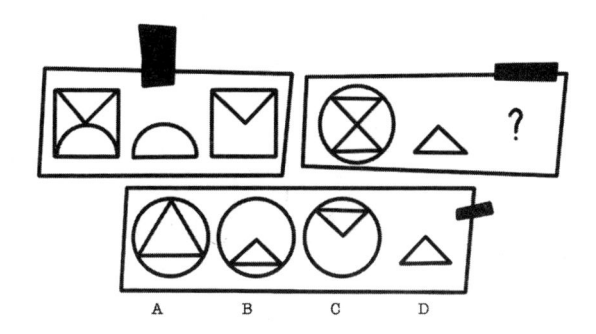

63.请根据下面图形的异同点，推出问号处应该补入的图形。

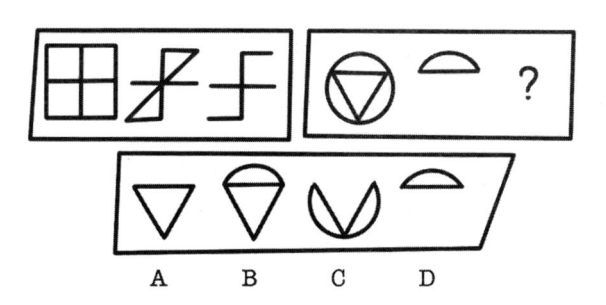

64.最后一个箭头会转弯指向什么方向?

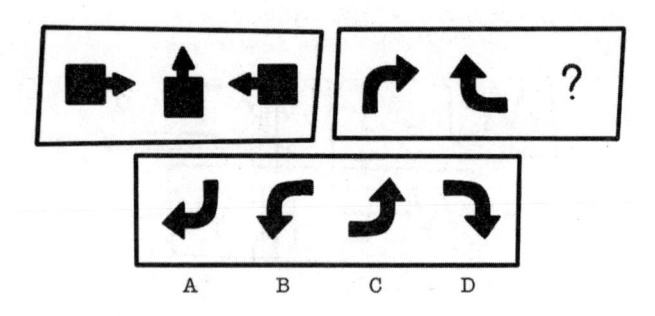

65.最后一张折纸会是什么样子的呢?

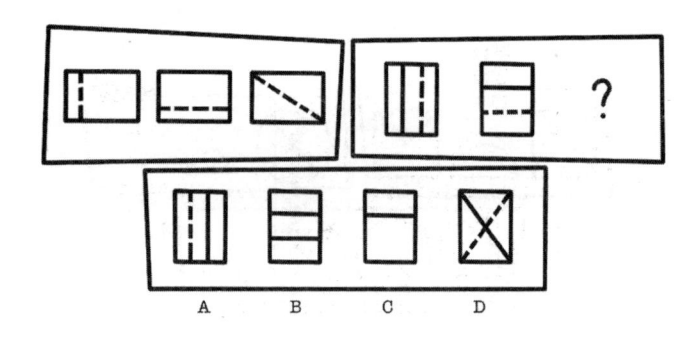

66.下面这些图案经过组合变得非常漂亮,想想看,最后一张组合图会是什么样子?

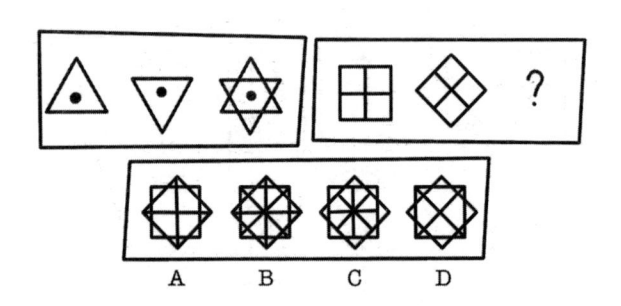

67.请找出下面图形的变化规律，并判断最后一个图形应该是选项A、B、C、D中的哪一个。

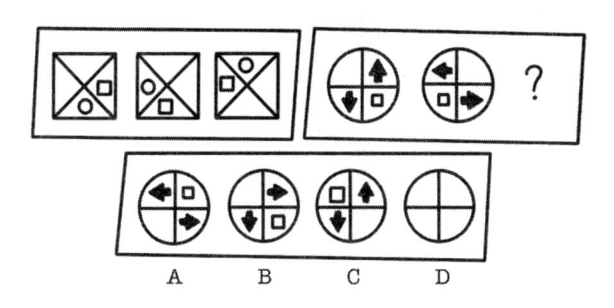

68.下面的图形发生着渐变，请根据渐变的规律找出问号处相对应的图形。

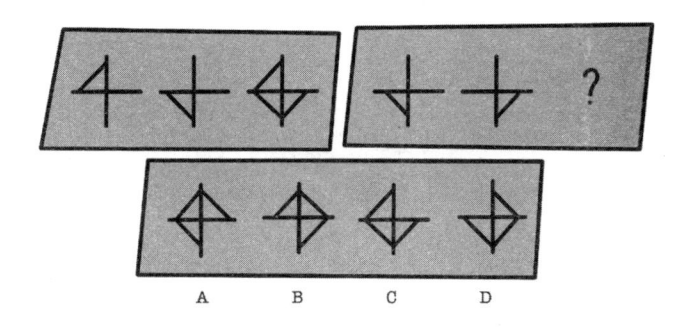

69.仔细观察，下一个小人会怎么活动？

70.请找出图形变化的规律,选择合适的选项放到问号处。

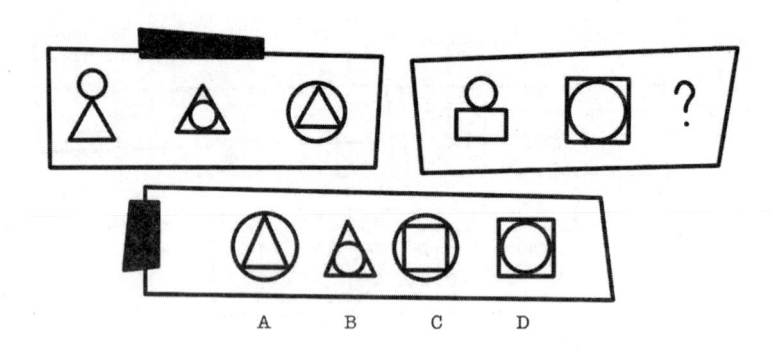

71.根据第一组图中阴影变化的规律,选择一个合适的图案放到第二组图的问号处。

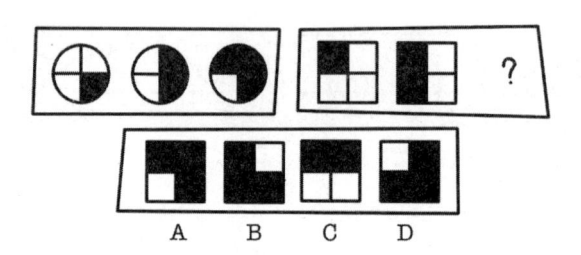

72.问号里的图案应该是4个选项中的哪一个?

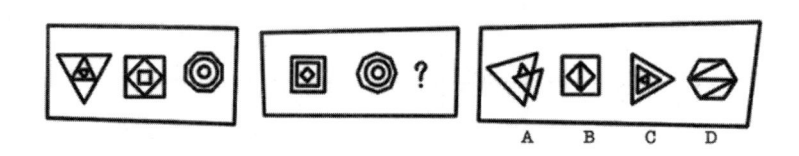

73.最后一个方格里的几何图形应该是下面一组中的哪一个呢?

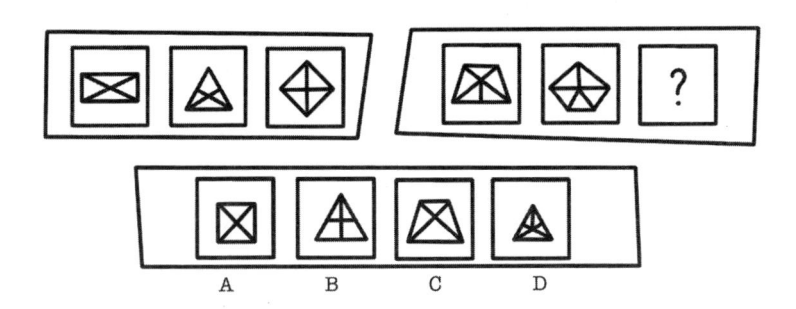

74.请将1~9这9个数字填入下面图案的方框中,使图中所有的不等号均成立。

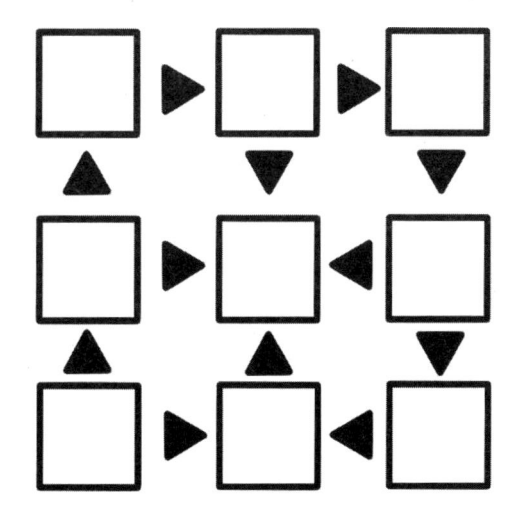

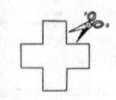

75.你能看出下面第一组图中阴影变化的规律吗？请根据这一规律从A、B、C、D 4个选项中选出正确的一项放在第二组的问号处。

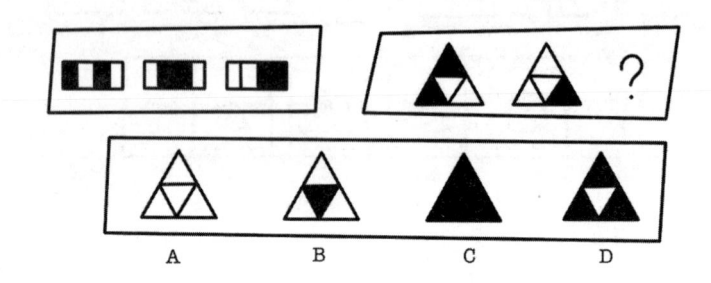

A　　　B　　　C　　　D

答　案

1. 这个图形是在一个两色玻璃门上。一面写着PUSH，另一面写着PULL。
2. 91个。
3. 取下外围3根不相连的火柴制作成1个单独的三角形，加上剩余的3个三角形正好是4个相同的三角形。

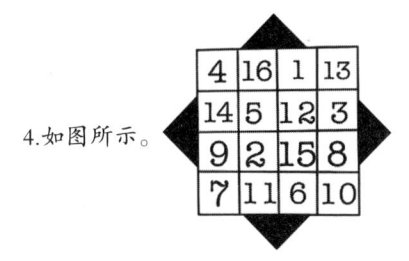

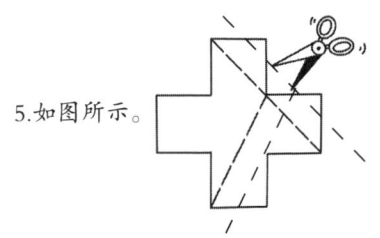

4. 如图所示。

4	16	1	13
14	5	12	3
9	2	15	8
7	11	6	10

5. 如图所示。

6. 使所有的车位与墙成直角。

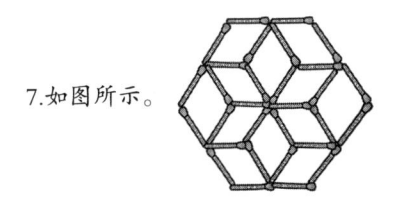

7. 如图所示。

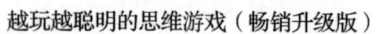

8. 如图所示。

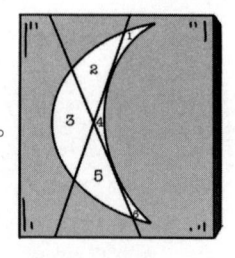

9. 如图所示。

10. 网格中字母"D"出现1次,"I"2次,"S"3次,"C"4次,"O"5次,"V"6次,"E"7次,"R"8次。按这个顺序排列字母,就能得到单词"discover"(发现)。

11. 共25个圆圈。

12. 答案是D。都是3个正方形构成4个三角形。

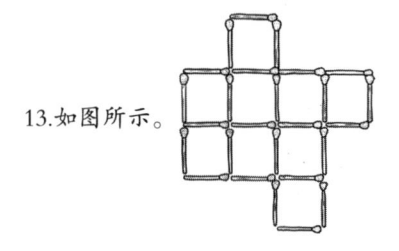

13. 如图所示。

14. 是F。其余4个字母都具有对称性,或上下对称,或左右对称,或中心对称。

15. 如图所示,变成cock(公鸡)。

16.如图所示。

2	5	4	3	1
5	4	3	1	2
4	1	5	2	3
1	3	2	5	4
3	2	1	4	5

17.虽然这些线段看起来是有差别的,但其实所有线段的长度都是相等的。

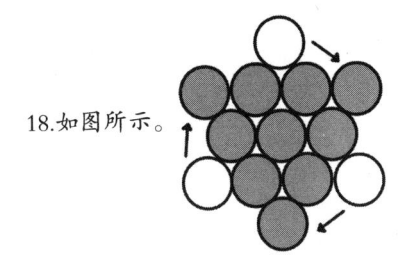

18.如图所示。

19.60块砖。你不需要将所有的砖块清点一遍,只需要数出最上面一层砖块的数量(12块),并将其与层数(5层)相乘即可。

20.D。其他项都是同一个图形旋转的结果。

21.共有15个正方形,分别是:1个4×4的正方形;2个3×3的正方形;4个2×2的正方形;8个1×1的正方形。

22.答案是C。C项火柴人各部分数量为奇数,其余都为偶数。

23.共同之处是它们每个词当中都包含在字母表顺序中连续的3个字母。

24.74个。

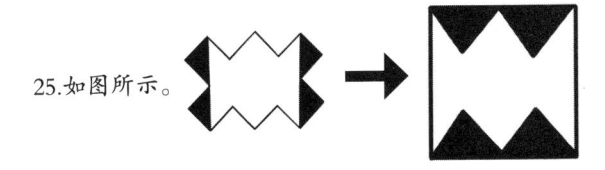

25.如图所示。

26.3个面是灰色的小立方体有8个;2个面是灰色的小立方体有12个;1

个面是灰色的小立方体有6个。

27.除了第三行中间的那个，其他都是同一箭轮经旋转或箭头反射所得。

28.在IX前面加符号S，IX就变成了六（SIX）。

29.答案为C。两组图形按大、中、小规律出现，且前两个图形对应部分相同的在第三个图形变空白、对应部分不同的变阴影。

30.A。它是其他图形旋转后的镜像。

31.B。B是其他图形的镜像。

32.选A。注意要把每个图形看成平面图形，第三个图形是根据前两个图形格中的元素去同存异。

33.D和E。这两个是其他3个旋转后的镜像。

34.A。它是其他图形旋转后的镜像。

35.选D。一个圆等于两个方。

36.选C。第一套图：移动不带点的火柴棒边，把图1的角度增大，然后图1+图2=图3。同理，第二套图可以推出答案C。

37.选B。横着看每一排的3个字，第一排：5笔，6笔，7笔。第二排：5笔，7笔，9笔。第三排：4笔，5笔，6笔。

38.选A。移动整个图形，分针、时针、秒针不变化的就是答案。

39.选D。通过观察，可以发现第一套图的3个图其交点都是在同一横线上，3个图的交点都可以重叠在一起，而且前两个图的2个交点可重合在一起得出图3。根据这一规律推出第二套图的图3的答案，同一横线上的两个交点重合等于图3，所以答案为D。

40.C。看字母的构成元素的总数，B是由两条弧线加1条直线组成的，其字母的构成元素总数共有3个。同理，我们可以推出第一套图其字母的构成元素总数：3，2，2。那么第二套图其字母的构成元素总数也是：3，2，2，故答案选C。

41.D。图1=图2+图3。

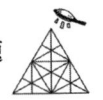

42.选B。4个图形里面的线段都是由一外框上的某一点引出的且包含于图形内部，符合这个规律的只有B项。

43.选C。

44.选B。依次去掉上下右左的线段，剩下的就是答案。

45.选C。竖直看3个图为一列，每一列图形数目相加都得9。

46.移法见右图。

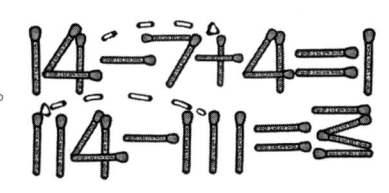

47.答案如右图所示。

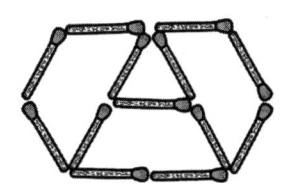

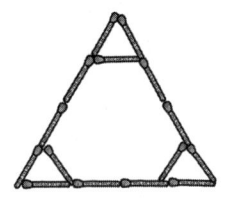

48.答案如右图所示。

49.这8座桥只是教区的部分区域，并没有说河源就不在教区内。因而，我们只能接受这样唯一的说法——河是从教区发源的。解法如下图所示。

需要指出的是，确切的条件不许我们绕过河口，因为河流还要向南奔流数百里才入海，而世界上任何一个教区不会绵延数百里！

50.C。所有的图案都可以1笔画成。

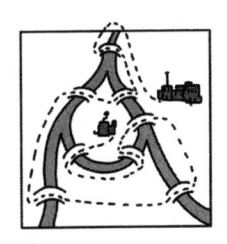

51.A。观察整组图的变化可以发现,有变化的只是箭头和箭尾两个部分,从左到右,箭头部分递减,箭尾部分递增。

52.A。将每一张图里的小图形沿顺时针移动一格得到下一图,依次类推。

53.A。图1最外框是正方形,到图2变成最内框是正方形,图3最内框是圆形,是由图2的最外框转变而来。

54.A。上下的竖直线段总数不变,竖直线段之间的距离逐步拉大。

55.A。主要看各图案中三角形的变化,图1的三角形在最内一层,图2的三角形在中间层,图3的三角形在最外层,图4的三角形又回到中间层。由此,我们可以推出三角形的变化规律:内→中→外→中→?,所以问号处的三角形应该在内,且这5个图也可以看成是变化规律对称的关系,所以答案是A。

56.D。方格中黑白个数相同且呈递增趋势:2,3,4…

57.B。第一组图案中,空心部分包裹着阴影部分,第二组图案中阴影部分包裹着空心部分,并且两组图案包含的图形元素相同。

58.B。这个九宫图应该是指地球村3种最常见的联系交流方式:打电话,写信和网络。

59.C。以中间的图项为中心,上下、左右、斜方向对称的图项的构成元素相似。

60.B。两组图每一种元素的数量相同。

61.C。第一组图都为4笔构成的图项,第二组图都为3笔构成的图项。

62.C。图1-图2=图3。

63.D。图3为图1和图2完全重合的地方。

64.A。以图1为基准,依次逆时针旋转90度得下一图。

65.D。两组折纸虚线部分对应相似。

66.C。图1+图2=图3。第二组图是两个图形相同,但是位置不同的正方形,所以叠加在一起的时候,要注意中位线不能超出外框。

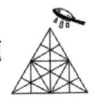

67.C。以图1为基准,整个图形依次顺时针旋转90度得到下一个图。

68.D。左图每一个图形逆时针旋转90度得到右图中相对应位置的图形。

69.D。主要看小人下半身的变化,两组图中下面的元素每一种都只出现一次。

70.C。左图中,图1的小圆往下移动到三角形内得图2,图2的圆往外扩大,一直扩大到刚好包住三角形得图3。

71.B。第一组图中,逆时针方向旋转,依次增加一个阴影部分得到下一个图,第二组同理。

72.C。每个图项都由3个外形相似的图形构成,把图分为内、中、外3个层,每一层的图形相似。

73.D。第一套图每个图形有4个封闭空间,第二套图每个图形包含5个封闭空间。

74.答案如下图所示。

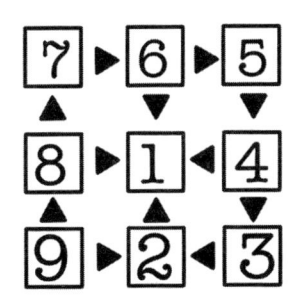

75.B。第一组图中,图1重叠图2,各部分都是阴影或空心则变为阴影,否则变为空心,第二组同理。

Chapter2

逻辑推理

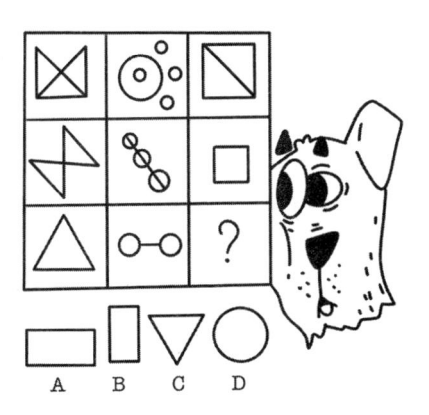

A B C D

1.这个序列中的星星替代了哪个字母呢？

NWHOI☆EII

2.两个铁路工人正在维修一条铁路线，突然一列火车呼啸着向他们全速驶来。火车司机没有看到他们，所以并没有减速。这两个工人沿着火车正在行驶的两条铁轨径直奔向火车，这是为什么呢？

3.你能通过仅仅加一条直线把101010变成950吗?

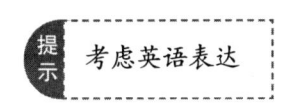

> 提示 考虑英语表达

4.爱德华的数学作业如下所示:

8+11=7

11+5=4

10+7=5

老师说爱德华的答案都不对,爱德华坚持没有错,你认为呢?

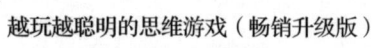

5.一位女士拿着两本书走到柜台,服务员说:"请付21元。"这位女士交了钱就走了,但没有拿书。这是为什么呢?

6.一个人抢劫银行,并杀了3个人,马克看到了整个事件的全过程,但警察并没有询问他。这是为什么?

7.为了参加宴会,两个母亲和两个女儿去买新衣服。她们回来时都有一件新衣服,但她们只买了3件衣服。这是怎么回事?

8.爱美丽回家后，问了女儿一个问题（爱美丽不知道这个问题的答案）。但无论女儿如何回答，爱美丽都将知道答案。这个问题是什么？

9.一位盲人要了一杯咖啡，咖啡端上之后，他抱怨咖啡不够热，要求换一杯新的。端上来之后，他说是同一杯。杯子上并没有裂缝或者奶油，他是怎么知道的？

10.一个人在一家餐馆里大声朗读菜单："牛排65元，炸鸡45元，沙拉19元……"服务员走过来对他说："你一定是个飞行员。"服务员说对了，但他们从前并不认识，他是怎么知道的呢？

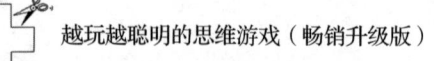

11.圆圈中的哪个数是特殊的？

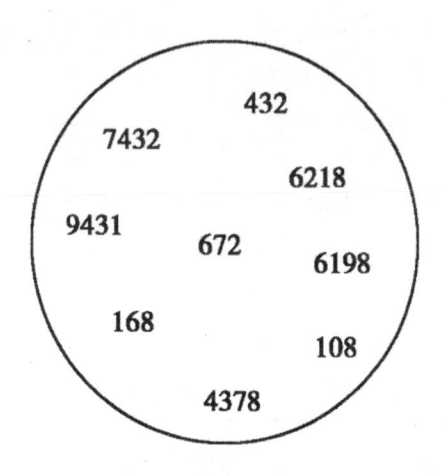

12.依照下图的逻辑，Z应该是黑色还是白色？

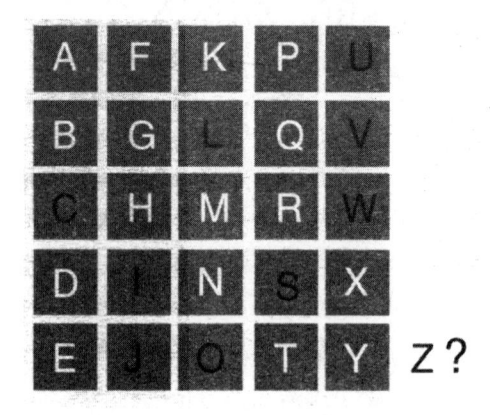

13.请思考下面字母链中缺失的字母是什么。

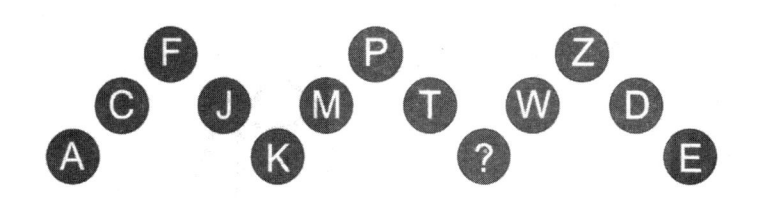

A C F J M P T ? W Z D E
      K

14.英语字母表的第一个字母是A，最后一个字母是什么？

15.丹从A地骑自行车到B地去，而本开车从B地驶往A地。在路上他们相遇了，你认为这时是丹还是本离A地更近？

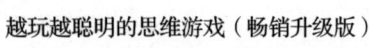

16. 一年中，有些月份有31天，像1月和3月，也有些月份有30天，像4月和6月，有28天的有哪些月份呢？

17. 先观察前两个五角星，再判断最后一个五角星中央应该填入什么数字呢？

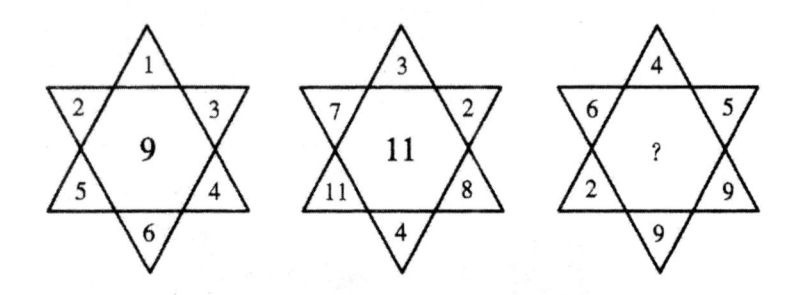

18. 在下图方格中，你能找到多少条不同的路线可以由A处到达B处？

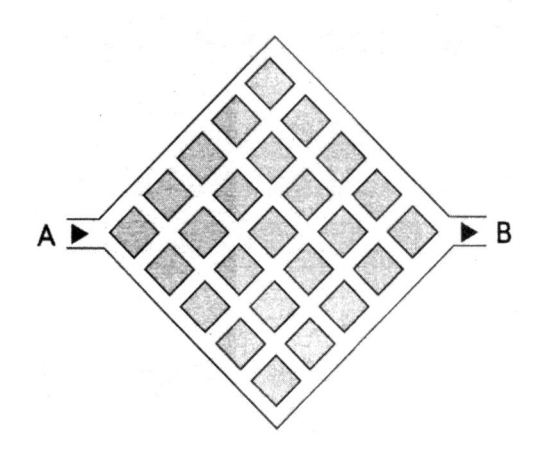

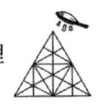

19. 这是来自高三年级的一项调查。仅仅喜欢歌剧的同学比仅仅喜欢芭蕾舞剧的同学多8名，仅仅喜欢电影的同学比仅仅喜欢歌剧的同学多1名。44名同学根本不喜欢歌剧，67名同学不喜欢芭蕾舞剧。仅仅喜欢电影的同学比仅仅喜欢芭蕾舞剧的同学多9名。14名同学既喜欢芭蕾舞剧也喜欢歌剧，但不喜欢电影。26名同学既喜欢歌剧也喜欢电影，但不喜欢芭蕾舞剧。78名同学喜欢歌剧。请你推断有多少同学只喜欢电影，有多少同学只喜欢芭蕾舞剧，有多少同学只喜欢歌剧，有多少同学对歌剧、芭蕾舞剧、电影都喜欢，有多少名同学参与了调查。

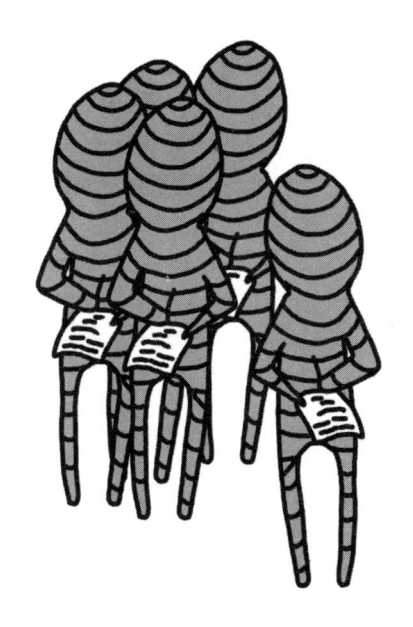

20.赛马场上，3匹马的夺冠呼声最高，它们分别是火龙、飞燕和闪电。观众甲说："我认为冠军不会是火龙，也不会是飞燕。"乙说："我觉得冠军不会是火龙，而闪电一定是冠军。"丙说："可我认为冠军不会是闪电，而是火龙。"比赛结果出来了，他们中有一个人全都说对了；另一个人全都说错了；还有一个人说得一对一错。请依据这些情况，推断出哪匹马是赛马冠军。

21.有这样5个女孩，已知她们之中：

（1）售货员和琳达住同一街区；（2）警察、演员与艾米曾在同一所学校就读；（3）凯瑟琳和教师喜欢同一品牌的香水；（4）爱莲娜和会计师、演员热爱滑水运动；（5）售货员的头发颜色和艾米、凯瑟琳的头发颜色不同；（6）会计师邀请玛丽以后去她家里做客，并送给艾米一张自己的名片；（7）爱莲娜和售货员年龄相同；（8）琳达对海鲜过敏，而会计师和警察正在吃烤鱼。
请问你能说出这5个女孩的职业分别是什么吗？

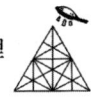

22.古代有一个皇帝命令姓赵、钱、孙、李、周、吴、郑、王八员大将陪同他外出打猎。经过一番追逐,有一员大将的一支箭射中了一只鹿,但是,是哪一员大将射中的谁也不清楚。这时候,皇帝叫大家先不要去看箭上刻写的姓氏,而要大家先猜是谁射中的。于是八员大将众说纷纭。赵说:"可能是王将军射中的,也可能是吴将军射中的。"钱说:"如果这支箭正好射中鹿的头部,那么肯定是我射中的。"孙说:"我可以断定是郑将军射中的。"李说:"即使这支箭正好射中鹿的头部,也不可能是钱将军射中的。"周说:"赵将军猜错了。"吴说:"不会是我射中的,也不是王将军射中的。"郑说:"不是孙将军射中的。"王说:"赵将军没有猜错。"

猜完之后,皇帝命令赵将军把鹿身上的箭拔出来验看,证实八员大将中有三人猜对了。请判断一下,鹿是谁射死的?

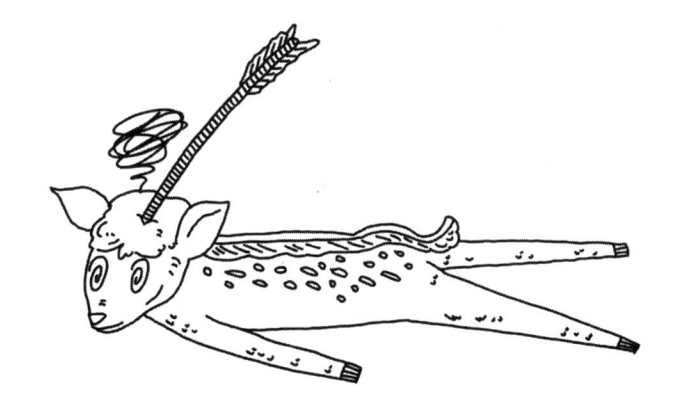

23.周末，3个姑娘艾琳、丽诗和美娜各自为自己选购心爱的礼物。她们到A、B和C商场购买了香水、戒指和长裙。已知：

（1）艾琳没到C商场去购买长裙；（2）丽诗没有购买A商场的任何商品；（3）购买香水的那个姑娘没有到B商场去；（4）购买长裙的并非丽诗。

你能猜出哪个姑娘在哪个商场购买了香水吗？

24.一群酒鬼在一起比酒量。先上一瓶，各人平分，结果一瓶喝下来，当场就倒了几个。再来一瓶，在余下的人中平分，结果又有人倒下。又来一瓶，还是平分，这下总算有了结果，全部的人都倒了。只听最后倒下的酒鬼中有人咕哝道："嘿，我正好喝了一瓶。"你知道有多少个酒鬼在一起比酒量吗？

25.一家超市，6个货架是这样安排的：出售玩具的货架紧紧挨着出售服装的货架，但玩具货架不是一号架；出售餐具的货架在小家电货架的前一排；日化品在服装前面的第二个货架上；餐具在食品后面的第四个货架出售。请问：这个超市是怎样安排这6个货架的？

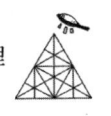

26. 首都机场的候机大厅里有3位乘客坐在椅子上聊天。坐在左边座位的乘客要去法国，中间座位的乘客要去德国，右边座位的乘客要去英国。要去法国的乘客说："我们3位这次旅行的目的地恰好是我们3位的祖国，可我们每个人的目的地又不是自己的祖国。"德国人无限感慨地说："我离开家乡很多年，真想回去看一看。"那么，这3位乘客都是哪个国家的人呢？

27. 有9个号码球，上面的数字分别为1~9。玛丽、珍妮、保罗、托尼各取2个球。现已知：（1）玛丽取的2个球上面的数字之积是24；（2）珍妮取的2个球上面的数字之商是3；（3）保罗取的2个球上面的数字之差是1；（4）托尼取的2个球上面的数字之和是10。请说出他们4个人各拿到了几号球，剩下的一个球又是几号？

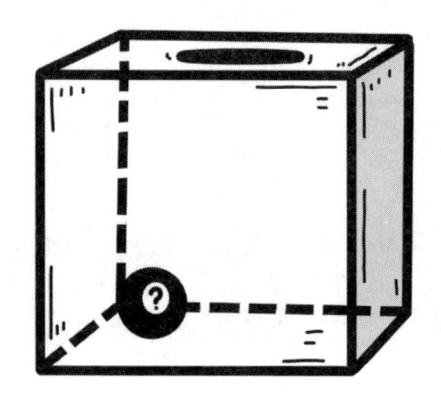

28. 训练场上，教练在组织队员们进行跑步比赛。一组选手共5名分别是Z、L、A、H和M。比赛成绩出来了，教练拿着成绩单自言自语道："Z跑得比H要快一点，但成绩不及L；A起跑后冲力不足，成绩最差；L这次测试不是第一名。"你能根据教练的话写出他们各人的名次吗？

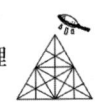

29.安娜有4个孩子,她拿出三个鸡蛋要求他们鉴别生和熟。

孩子们经过一番观察和分析,老大说:"我觉得第一个蛋是生的,第三个蛋是熟的。"老二说:"我认为第二个蛋和第三个蛋都是熟的。"老三说:"据我分析,第一个蛋是生的,第二个和第三个之中一生一熟。"安娜笑着说:"你们每个人都只说对了一半。"聪明的老四听到他们的对话,立刻把正确答案说了出来。请问,3个蛋中哪个是生的,哪个是熟的?

30.L、Q和A三人是游泳、跳伞、田径运动员中的一个。已知：

（1）Q从未上过天；（2）跳伞运动员已得过两块金牌；（3）A还未得过第一名，并且他与田径运动员同年出生。

请问这三人各是哪项运动的运动员？

31.在一列火车的某节车厢内，有4位乘客面对面坐在一起。他们身穿不同颜色的大衣，具有不同的国籍，其中两人是靠窗坐，另两人是挨着过道坐。现在已经知道：

（1）他们的座位分别为A、B、C、D，其中有一位身穿蓝色大衣的旅客是个国际间谍；

（2）英国旅客坐在B先生的左侧；

（3）A先生穿褐色大衣；

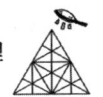

（4）穿黑色大衣者坐在德国旅客的右侧；

（5）D先生的对面坐着美国旅客；

（6）俄国旅客身穿灰色大衣；

（7）英国旅客把头转向左边，望着窗外。

请想想看，谁是穿蓝色大衣的间谍？

32.有4个好朋友：云帆、玉明、泽宁、文豪。他们各自姓骆、高、陈和马。已知：

（1）云帆的姓是"高"或"陈"的其中一个；（2）玉明的姓是"高"或"骆"的其中一个；（3）泽宁的姓是"陈"或"骆"的其中一个；（4）姓"高"的人，是云帆或文豪的其中一个。

请猜猜这4个人的姓名。

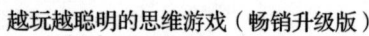

33. 老张、老林和老陈分别是管工、电工、水工,他们是邻居,他们的房子排成一排。已知:

(1) 电工住在老张的左边;

(2) 住在老林旁边的人52岁;

(3) 住在管工右边的人54岁;

(4) 老林不是54岁;

(5) 水工不是50岁;

(6) 电工和老陈是棋友。

请问:他们3家的房子怎么安排?各自的职业是什么?年龄分别又是多大?

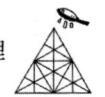

34.办公室里有五位已婚男士,他们的年龄分别相差一岁,各有一个女儿,年龄恰好也都相差一岁。已知:

(1)老张52岁,他的女儿不叫依依;

(2)老陈有一个21岁的女儿;

(3)蓓蓓比依依大3岁;

(4)老李53岁;

(5)莎莎19岁;

(6)依依18岁;

(7)老马有一个女儿叫璐璐,是这5个女孩中年纪最小的一个;

(8)丽丽20岁,她的父亲是老张;

(9)老李有一个19岁的女儿;

(10)依依的父亲是老王,老王比老马大3岁,他是5个父亲中年纪最大的一个,今年54岁。

请推算出这五对父女之间的关系和年龄。

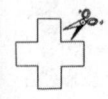

35.酒吧里有三个好友在喝酒,他们有不同的职业,每人喝的酒也各不相同。已知:

(1)他们分别是托马斯、健身教练和喝威士忌的小伙子;

(2)麦克不是税务员;

(3)乔恩也不是汽车销售员;

(4)喝啤酒的不是税务员;

(5)喝杜松子酒的不是麦克;

(6)喝啤酒的不是乔恩。

根据目前的条件,请说说这三个小伙子的职业,以及他们分别在喝什么酒。

36.马琳、郑楠和田蕾一起去商场购物。在化妆品专柜前,她们分别买了唇膏、腮红、粉饼、粉底液、爽肤水和面霜中的两种。已知:

(1)选择腮红的女孩和选择粉底液的女孩在同一个公司工作;

(2)马琳在三人中个子最矮;

(3)田蕾、购买唇膏的女孩和购买粉底液的女孩三人都是这个化妆品品牌的会员;

(4)选择唇膏的女孩比选择面霜的女孩身材高一些;

(5)最后,购买粉饼的女孩、购买面霜的女孩与马琳三人分别得到了相应的赠品。

请推理出三个女孩各买了哪两种化妆品?

37.下周就要进行期末考试了,格林老师却发现有学生将试卷偷走了。他想起当天只有乔治、里奥、马修和艾伦四名学生曾来过他的办公室,于是把四人找来询问。乔治说:"试卷是里奥偷走的。"里奥说:"试卷是艾伦偷走的。"马修说:"我没有偷试卷。"艾伦说:"里奥说谎。"他们当中只有一个人说了真话,其余的全撒谎了。你能猜出是哪个学生偷走了试卷吗?

38.苏珊、艾米、安娜和丽莎四个女孩各饲养了猫、狗、鹦鹉和热带鱼中的一种或两种。现已知:

(1)苏珊、艾米、安娜各饲养了两种宠物,丽莎只饲养了一种宠物;

(2)有一种宠物4人中有3人都在饲养;

(3)苏珊每周末都要去商店买狗粮;

(4)丽莎因为小时候被狗咬过,因此绝对不会养狗;

(5)艾米家中没有鱼缸;

（6）苏珊与安娜、安娜与丽莎之间没有饲养相同的宠物；

（7）艾米的宠物与安娜的有相同的；

（8）没有人既养狗又养鹦鹉。

请问：四个女孩各饲养着什么宠物？

39.售票处有6位观众在买票，他们分别是苏珊、比尔、乔治、科比、哈利和露西。已知：

（1）乔治既不排在队伍的前端也不排在队伍的末尾；

（2）露西不在队伍的最后面，在她和队伍末尾之间有两个人；

（3）位于队伍末尾的不是哈利；

（4）科比没有排在队伍的最前面，他前面和后面都至少各有两个人；

（5）苏珊前面至少有4个人，但苏珊也不在队伍的最后面。

请列出这6位观众从前到后的顺序。

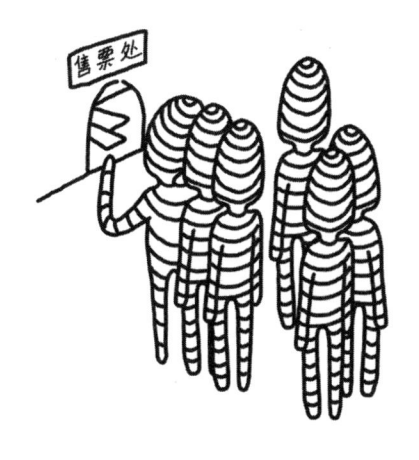

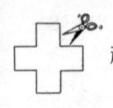

40.有个水手因为海难漂流到一个神秘小岛上,这个岛上天使和魔鬼共存,其中天使说真话,魔鬼说假话。现在,他眼前有三个"人",水手并不清楚他们究竟是天使还是魔鬼,便上前询问。第一个说:"另外两个至少有一个是天使。"第二个说:"另外两个至少有一个是魔鬼。"第三个说:"让我来告诉你事实。"你能根据他们的话,判断出有几个天使吗?

41.赵家、钱家、孙家、李家住在一个大院内。一天，小赵还没进大院门，就听路人说他们大院里有户人家中了头奖。"小赵回家一问，赵爸爸说："是钱家中了头奖。"他去问钱伯，钱伯却说："是李家中了头奖。"但李家又说："是钱家中了头奖。"最后，小赵问孙家。孙爷爷说："我不知道，反正我们家没有中头奖。"四家人中只有一家说了真话。试问，到底是哪家中了头奖呢？

42. 年终，某购物中心按各部门的销售额进行排名，并依据排名进行奖励。已知：

（1）家电部的销售额位列第四位，在化妆品部的后面，但排在箱包部之前；

（2）箱包部的排名在家纺部后面，但排在玩具部前面；

（3）化妆品部的名次在服装部后面，但排在食品部之前；

（4）鞋帽部比食品部落后两个名次；

（5）家纺部的名次是第六名。

请根据这些信息，推算出各部门的销售额分别排在第几位。

43. 某电子商场销售量最高的3款相机A、B、C分别产自美国、中国和德国中的一个国家。已知：

（1）B相机不是中国生产的；

（2）中国生产的相机在销售时赠送了一张大容量存储卡；

（3）C相机在销售中没有任何赠品，它与产自德国的那款相机都是金属外壳。

请问这3款相机分别产自

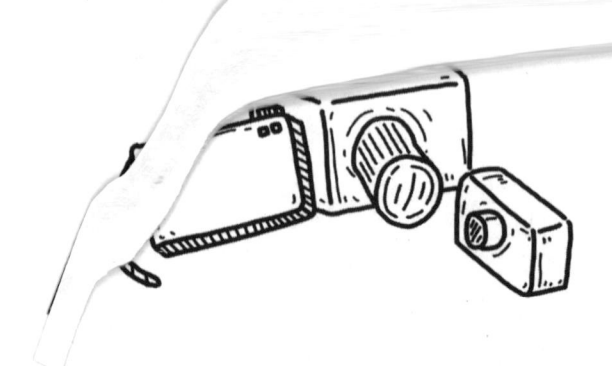

44. 维拉、玛丽、安娜和赫莉作为最佳女演员奖的候选人被邀请参加电影节。颁奖典礼开始前,记者分别采访了她们4个人。维拉说:"我认为安娜会夺得这一桂冠。"玛丽说:"我想我不会得奖,因为参赛影片不是我演得最好的一部。"安娜说:"她们3个人都比我演得好,大奖应该颁给她们。"赫莉说:"维拉说得对,我也认为安娜会是新的最佳女演员,她演得真是太棒了!"最后的结果是,她们之中只有一个说对了。请问:谁才是本届电影节的最佳女演员?

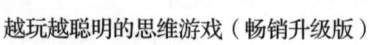

45.某汽车拉力赛上,因为天气问题,只有4辆车最终安全到达终点,记者前来采访,却不知他们的到达顺序。下面是4位车手关于名次的谈话:

(1)艾伦说:"马克比罗伯特到得晚。"

(2)马克说:"我比艾伦晚。"

(3)罗伯特说:"马克不是第三名。"

(4)德里说:"我是冠军。"

其实获得第一名和第三名的车手跟记者开了玩笑,说了谎话,而第二名和第四名车手说的是真话。你能根据这些判断出他们真正的到达顺序吗?

46.张家和李家各有两个儿子，4个男孩都很淘气，但是张家兄弟很诚实，不说假话，而李家兄弟却一贯喜欢撒谎。这天，有个孩子在雪白的围墙上画了很多乱七八糟的图画，并写下一句话："这不是张家弟弟干的。"你能猜出这件坏事到底是谁干的吗？

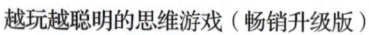

47.丽莎、娜娜和琳达是三姐妹，已知：

（1）身材最矮的姑娘腰围最肥，但她的体重比丽莎要轻一些；

（2）娜娜的头发比二姐的要长些，琳达的头发比大姐的短；

（3）二姐既不是身材最高的也不是头发最长的，但她比琳达的体重要重；

（4）头发最长的那位体重最轻，但她比体重最重的那个姐妹腰围要肥；

（5）三妹比大姐的身材矮，比三人中腰围最瘦的头发短些。

根据这些关系，请你分析一下丽莎、娜娜和琳达三姐妹的体态特点。

48. 酒柜上横向排列着6瓶酒。白兰地紧挨着朗姆酒,但白兰地不在左数第一个位置上。杜松子酒在龙舌兰酒的左面,伏特加在朗姆酒左面的第二个瓶里,杜松子酒在威士忌右边的第四个瓶里。请问:最右边的瓶里装的是什么酒?6瓶酒的顺序是什么?

49. 志愿者们为流浪狗救助站捐赠了许多宠物用品,这些用品正好够狗狗们每2只合用一个食盆,每3只合用一个水盆,每4只合用一个狗屋。现在食盆、水盆和狗屋加起来一共65件。

请问,救助站一共有多少只流浪狗吗?

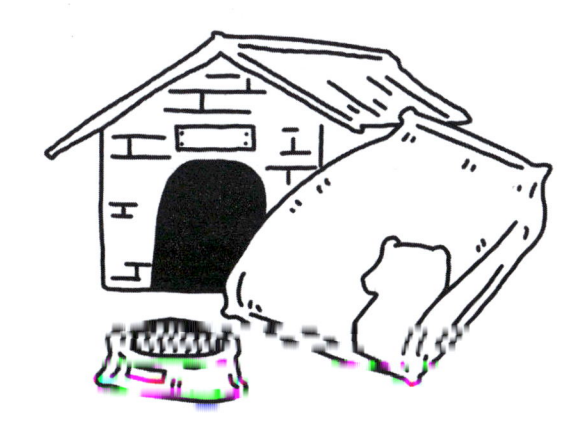

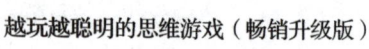

50. 有4部电视剧《爱上陌生人》《幸福往事》《阳光少女》《彩虹》分别在4家不同的电视台播出，当红影星苏珊、艾米、蒂娜和莉莲分别是这4部电视剧的女一号。已知：

（1）苏珊主演的电视剧在A台播出；

（2）电视剧《爱上陌生人》在D台播出；

（3）蒂娜主演的剧在C台播出；

（4）艾米主演的剧是《幸福往事》；

（5）苏珊没有参加电视剧《彩虹》的拍摄。

请根据这些条件判断出4部剧分别在哪个电视台播出，剧中女一号分别上哪个……

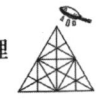

51.珠宝店里有4种宝石，其中黄宝石重2.5克拉，蓝宝石重2克拉，红宝石重3克拉，绿宝石重2.8克拉。玛丽、珍妮、安娜和翠茜4人结伴到珠宝店选购。玛丽说："我选的是2.5克拉的宝石。"买了红宝石的女孩说："我买的宝石比翠茜的那颗要大。""我选择的是最小的一颗宝石。"另一个对珍妮说。"我买的这颗比你的宝石要小一点。"翠茜告诉珍妮。你能根据这段对话，说一说她们4个人分别买的是哪种宝石吗？

52. 女演员阿丽、小欢和男演员林乔、家豪是好朋友。他们其中一位是舞蹈演员，一位是歌唱演员，一位是话剧演员，还有一位是戏曲演员。这天，4人分别坐在一张方桌的四边喝茶。其中舞蹈演员坐在阿丽的左边，话剧演员坐在林乔的对面，小欢和家豪相邻而坐，有一位女士坐在歌唱演员的左边。请问：谁是戏曲演员？

53. 乒乓球世锦赛即将举行，国家队的3名男运动员A、B、C即将与甲、乙、丙3位女运动员搭档参加男女混双比赛。有记者想知道他们如何搭档，便去采访。结果A球员说，他要合作的女运动员是甲，甲却说她将和C搭档，C说他将要与丙一起争夺奖牌。这可把记者弄晕了。原来3位运动员都在跟他开玩笑，没有说真话。你能推论出谁和谁才是搭档吗？

Chapter2 逻辑推理

54. 法庭上，3名证人受到传唤为案件做证。当证人们分别陈述完证词后，法庭要求他们证实自己或他人的证词是否属实。结果埃拉说："比恩说谎。"比恩说："塞斯说谎。"塞斯气愤地说："埃拉、比恩都说谎。"如果只根据这3句话，你如何判断谁说的是谎话，谁说的是真话？

55. 女生寝室从入口起一共排列着六个房间：安妮的房间紧挨着詹妮弗的房间，但安妮住的不是一进入口就看到的第一个房间；琼斯的房间在莉泽房间的前面；薇安住在詹妮弗前面的第二个房间；琼斯住在芭芭拉后面的第四个房间。请问：最后一个房间住的是谁？在哪个房间可以找到詹妮弗？第一个房间住的是谁？哪个是薇安的房间？

56. A、B、C、D在院子里踢球，不小心把一户人家的玻璃打碎了，房主人问他们是谁把玻璃打碎的。

A说："是C打的。"C说："A撒谎。"B说："不是我打的。"D说："是A打的。"已知，他们中有一个孩子很老实，不会说假话，其余3个人说的都是假话。你能否推出说真话的是谁，玻璃又是谁打碎的吗？

57. 某鉴宝节目请3位观众对一件瓷瓶的年代进行初步的分析和判断。甲观众说："这不是清代的，也不是明代的。"乙观众说："这不是清代的，而是宋代的。"丙观众说："这不是宋代的，而是清代的。"经过专家团鉴定，他们中的一个人两个判断都对了，而另一个人的两个判断都错了，还有一个人的判断一对一错。请你依据这些情况，判断出这个瓷瓶的年代。

58.4个素不相识的人在一起聊天，他们的身份分别是记者、演员、画家和歌手。在只知道其他人名字的情况下，他们对各人的身份做了推测。艾拉说："比恩无论如何也不会是演员。"比恩说："我猜希茜是位歌手。"希茜说："蒂妮一定不是记者。"蒂妮推测说："比恩不会是画家。"事实上，只有歌手一个人推测正确了。那么，你能说出这4个人都是什么身份吗？

呢？甲说："C的手术成功率比其他3位都低。"乙说："C、D比A、B的技术高明。"丙说："D做手术不是最好的。"丁说："A、B的手术成功率比C低。"戊说："B做手术也不是最好的。"己说："B、C的技术比A好，也比D安全可靠。"这时，一位老医生悄悄地告诉病人："这6句话中只有一句是错的。"请你帮助病人分析一下哪位医生才是技术最好的。

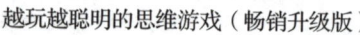

60.张铁匠夫妇带着儿子去城里赶集，路上被一条大河拦住去路，正巧王木匠夫妇带着儿子回娘家也来到了这里。大家发现码头上只有一条空空的小木船，却没有船夫，小船最多只能载一个大人或者两个小孩过河。假如小孩和大人一样具有划船能力，他们两家人怎么才能安全到达对岸呢？

61.4位朋友一起去打猎，傍晚时分他们每人打到一只以上的野兔，4人一共打了10只。罗斯说："凯文和杰克打到的野兔总数为5只。"凯文说："杰克和艾瑞克打到的野兔总数为5只。"杰克说："艾瑞克和罗斯打到的总数为5只。"艾瑞克说："罗斯和凯文打到的野兔总数为4只。"其中，打到2只野兔的人所说的话是假话，其余的人说的是真话。而有两人以上的人打到了2只野兔。请问：他们每个人各打到几只野兔？

62. 女影星苏珊在拍摄某部电影期间，被意外地发现死在家中。她的脖子几乎被勒断，显然是被人谋杀的。经常出入她家的3个男人受到怀疑，他们分别是电影制片人、苏珊的司机和影片的男主演。制片人说："司机没有杀死苏珊。"司机说："他说的是真的。"男主演说："制片人在说谎。"3人中真的有一人是杀死苏珊的凶手，并且有人说谎。不过，真正的凶手说的倒是实话。你知道真正的凶手是谁吗？

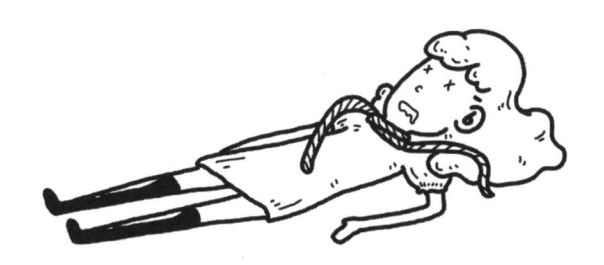

过他早已不爱她。"珍妮说："一定是凯特杀死了罗本，她想分得他的财产。"薇薇安说："我没有杀人，我是无辜的。"凯特说："珍妮在说谎。"其中只有一个女人说了真话。你能猜出究竟是哪个女人杀死了罗本，谁说了真话吗？

64. 公司里为员工分发月饼,有果仁、枣泥、豆沙、莲蓉月饼各10块,平均分给5名员工,每人都有4种馅料的月饼。从下面的情况来看,你知道他们是怎样分配的吗?

(1) 小张分到的莲蓉馅的月饼比其他3种馅月饼的总和还要多;

(2) 小陈分到的月饼中,枣泥馅的月饼比其他任何一种馅的月饼都更少;

(3) 小李分到的月饼里,莲蓉馅和豆沙馅的月饼总数与枣泥馅和果仁馅的月饼总数相等;

(4) 小王分到的月饼中,豆沙月饼是最多的馅饼;

(5) 小刘分到的月饼中,果仁月饼和枣泥月饼一样多。

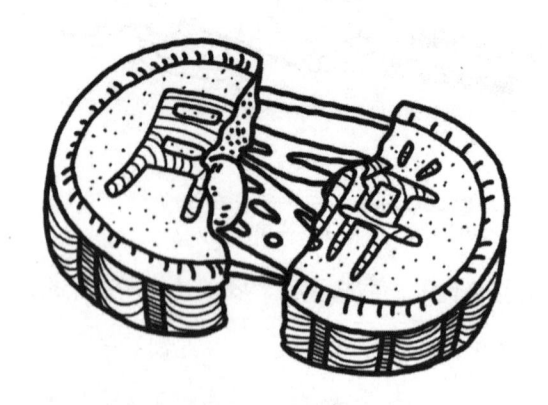

65. 马克、托尼和汤姆3个人的职业分别是律师、医生、警察。现已知托尼不是医生,汤姆从未为任何人做过手术,他与警察住邻居。请指出这3人各是什么职业?

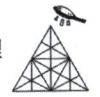

66. 雷电、凤凰、奔马、白象、红光和战神6支篮球队，在赛季结束后，取得了不同的成绩。奔马队既不是第一名，也不是最后一名。战神队不是最后一名，在它和最后一名之间有两支球队，排名最后的不是红光队。白象队不是第一名，它前面和后面都至少各有2支球队。雷电队前面至少有4支球队，但雷电队也不是最后一名。请推测这6支球队的成绩排名。

68.著名影星露茜在新片发布会上宣布了她即将结婚的消息,记者们纷纷询问她的结婚对象是谁,她却笑而不答,只透露出这位男士是曾与自己演过对手戏的男演员,而马克、吉米、乔治都曾和她演过对手戏。记者们议论纷纷。"露茜一定不会和马克结婚,因为马克是个花花公子。"记者A说。"我猜对方不是吉米就是乔治。"记者B说。"露茜一定会和乔治结婚,他俩看起来真是太般配了!"记者C说。一周后,3个记者出现在露茜的婚礼上,他们发现,当时的猜测中至少有一个人是对的,至少有一个人是错的。请问,与露茜结婚的男士到底是谁?

69.某电视台举办智力竞赛,邀请分别来自美国、澳大利亚、英国和加拿大的汤姆、杰克、乔治、吉姆4位选手参加,他们有的是运动员,有的是律师,有的是乘务员,还有的是医生。场上,他们各答对了1道、2道、3道、4道题。现已知:

(1)运动员、美国人和杰克3人共答对8道智力题;

(2)律师、澳大利亚人和乔治3人答对9道智力题;

(3)医生、加拿大人和吉姆3人共答对7道智力题;

(4)英国人不是运动员;

(5)乔治的职业不是乘务员;

(6)杰克的职业是医生。

请根据这些内容,判断他们每个人的职业、国籍和答对智力题的数量。

70.有1~9九张纸牌,甲、乙、丙、丁4人取牌,每人取2张。现已知甲取的两张牌之和是10,乙取的两张牌之差是1,丙取的两张牌之积是24,丁取的两张牌之商是3。请说出剩下的一张是什么牌?

71. 医院里的医生和护士,包括我在内,总共是16名,下面讲到的人员情况,无论是否把我计算在内,都不会有任何变化。在这些医护人员中,

(1) 护士多于医生;

(2) 男医生多于男护士;

(3) 男护士多于女护士;

(4) 至少有一位女医生。

请问这位说话者是什么性别和职务?

72. 甲、乙、丙、丁4个人,每个人只会英、法、德、汉4种语言中的2种。没有1种语言大家都会,但有1种语言3个人都会。另外,甲不会法语,但当乙与丙交流时需要他当翻译。乙会汉语,丁虽然不懂但他们能交流。没有人既懂德语又懂汉语。请问:3个人都会的是什么语言?

答 案

1. Six中的I。这些字母是数字1~9的英文单词的第二个字母。

2. 这两个铁路工人正在一架长桥上干活,铁轨两侧没有空地。朝着火车驶来的方向距离桥头很近,这样他们到达桥头后可以跳到铁轨一侧的空地上去。

3. 10T010(Ten to Ten,即10,点差10分,也就是9.点50分)。

4. 爱德华的计算方式是钟点和时间,如10.点钟+7小时=5.点钟。

5. 这是在图书馆中,这位女士正在为借书超期而交罚款。

6. 马克是在电视上看到抢劫的全过程。

7. 她们是外祖母、母亲和女儿。其中两个是母亲,两个是女儿。

8. 爱美丽问女儿:"你在家吗?"

9. 他在第一杯里放了糖。

10. 因为这个人正穿着飞行员的制服。

11. 答案是6218,圆中其他数字都有与其对应的数字,例:7432与168($7×4×3×2=168$);6198与432;4378与672;9431与108。

12. Z应该是黑色。因为所有的黑色字母都能一笔写完,而白色字母不能。

13. 缺失的字母是U。从左向右看,字母按照字母表顺序每次前移1位、2位、3位,以此顺序重复进行。

14. 应该是T。因为alphabet(字母表)的第一个字母是A,最后一个字母是T。

15. 他们离A地的距离是一样的,因为他们相遇时是在同一个位置。

16. 每个月都有28天。

17. 填入5，每个五角星中心的数字等于下面3个数字之和与上面3个数字之和的差，如（5+6+4）－（2+1+3）=9。

18. 一共有252种路线，下图中的数字表示所有可能的路线经过该数字所在交叉点的累积次数。

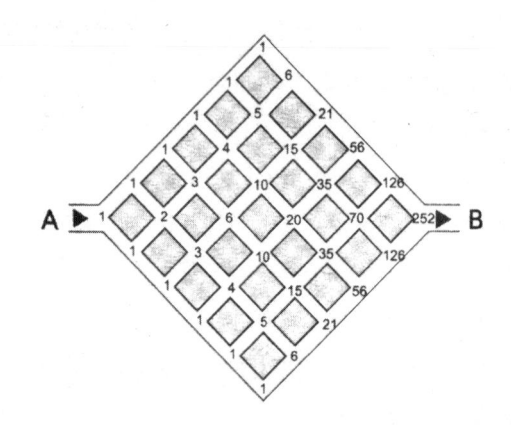

19. 有21名同学只喜欢电影，有12名同学只喜欢芭蕾舞剧，有20名同学只喜欢歌剧，有18名同学对歌剧、芭蕾舞剧、电影都喜欢，有122名同学参与了调查。

20. 如冠军是飞燕，则甲一对一错；乙一对一错；丙一对一错，不合题意。如冠军是闪电，则甲两对；乙两个都对；丙两个都错，不合题意。如冠军是火龙，则甲一对一错；乙两个都错；丙两个都对，合乎题意。即冠军是火龙。

21. 从条件（1）（5）（7）推出琳达、艾米、凯瑟琳、爱莲娜都不是售货员，只有另一人玛丽是售货员。从条件（2）（5）（6）推出艾米不是警察也不是演员，不是售货员也不是会计师，所以艾米是教师。从条件（4）推出爱莲娜不是会计师和演员，加上之前所推结果，可知爱莲娜是警察。还有会计师和演员，从条件（8）推出琳达不是会计师,所以琳达是演员。从以上推出凯瑟琳是会计师。即玛丽是售货员,艾米是教师,琳达是演员,凯瑟琳是会计师,爱莲娜是警察。

22. 将赵、钱、孙、李、周、吴、郑、王大将编号为1、2、3、4、5、6、7、8。如是赵将军,则有4、5、6、7四人猜对,不合题意;如是钱将军,则有2、5、6、7四人猜对,不合题意;如是孙将军,则有4、5、6三人猜对,合题意;如是李将军,则有4、5、6、7四人猜对,不合题意;如是周将军,则有4、5、6、7四人猜对,不合题意;如是吴将军,则有1、4、7、8四人猜对,不合题意;如是郑将军,则有3、4、5、6、7五人猜对,不合题意;如是王将军,则有1、4、7、8四人猜对,不合题意。如上所述,只有孙将军射中鹿时,有三人猜对,合题意,所以鹿是孙将军射死的。

23. 从条件(1)(4)推出买长裙的不是艾琳和丽诗,所以结论一是美娜在C商场买的长裙;从条件(3)知香水不是在B商场买的,从结论一知香水也不是在C商场买的,推出香水是从A商场买的;从条件(2)知丽诗没到A商场,从结论一知美娜在C商场,推出是艾琳到A商场买的香水。

24. 第三瓶是平分,最少二人,按二人算,每人1/2瓶。第二瓶喝完有人倒下,最少是三人,按三人算,每人1/3瓶。这样推出后面三人共喝了两瓶,最多的一人喝了5/6瓶。第一瓶是平分,他正好喝一瓶,后面两瓶他喝了5/6瓶,那么第一瓶他喝了1/6瓶,因为是平分,所以一起喝酒的应当是6人,即一共有6个酒鬼在比酒量。

25. 从条件(1)(3)知道日化品在服装前第二个货架上,服装前第一个或后一个可能是玩具;从条件(2)(4)知道餐具在小家电前一排,而餐具在食品后第4个货架上,一共是6个货架,餐具和食品之间隔3个货架,后面还有一个小家电,推出第一排是食品,第五排

是餐具，第六排是小家电；其余二、三、四号3个货架的排序应当是日化品、玩具、服装，玩具不可能在服装后，服装是四号，后面五号是餐具。综合起来，这个超市的货架从前到后的排序依次是：一号架：食品；二号架：日化品；三号架：玩具；四号架：服装；五号架：餐具；六号架：小家电。

26. 从"坐在左边座位的乘客要去法国"和要去法国的乘客说的话可以推出，左边的不是法国人，从德国人说的话推出，他也不是德国人，所以左边的只能是英国人；从"中间座位的乘客要去德国"和法国人说的话推出，中间的不是德国人，结合之前推理，也不是英国人，所以中间的乘客只能是法国人；从上述结论推出，右边的是德国人。即左边要去法国的是英国人；中间要去德国的是法国人；右边要去英国的是德国人。

27. 从条件（1）可以推出1~9九个数字中能满足二者之积是24的只能是3×8或4×6；从条件（2）推出能满足2个数字之商是3的只能是9÷3或6÷2；从条件（4）推出2个数字之和是10的有1+9、2+8、3+7、4+6。根据（1），如果选择4×6，那么（2）只能选择9÷3，（4）只能选择2+8，这样只余1、5、7，推不出条件（3）中要求的2个数字之差是1。所以条件（1）只能选择3×8，即玛丽取的2个球上面的数字是3、8；珍妮取的2个球上面的数字只能是6、2；托尼取的两个球上面的数字只能是1、9；从而推出余下的3个数字是4、5、7，那么保罗取的两个球上面的数字是5、4，剩下一个数字是7。

28. 第一名是M，第二名是L，第三名是Z，第四名是H，第五名是A。

29. 第一个蛋是熟的，第二个蛋是生的，第三个蛋是熟的。

30. 从条件（1）（2）（3）推出，Q和A都不是跳伞运动员，所以L是跳伞运动员；从（3）推出，A不是田径运动员，那他就是游泳运动员；所以Q是田径运动员。

31. 根据题意，4位旅客的座位如图所示。

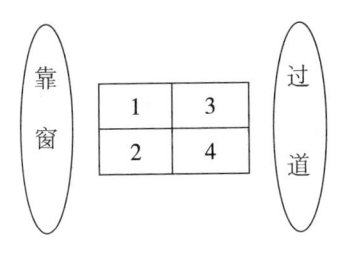

```
┌──┬──┐
│1 │3 │
├──┼──┤
│2 │4 │
└──┴──┘
靠窗        过道
```

从（2）（7）可推出，2号位置坐的是英国旅客，4号位置是B先生；从（4）推出，3号位置是德国旅客，其右侧穿黑色大衣的是1号；因为根据4人的座位，坐在右侧的只有4号和1号，4号是B，所以穿黑色大衣的只能是1号。B先生对面是德国旅客；2号位置是英国旅客，那么美国旅客只能是在1号位置，英国旅客是D，余下的4号位置是B先生，俄国旅客；从（6）知道俄国旅客穿灰色大衣，从（3）知道A先生穿褐色大衣，只能是德国旅客，因为1号美国旅客是穿黑色大衣的，所以美国旅客是C先生。综上，1号C先生是美国旅客，穿黑色大衣，3号A先生是德国旅客，穿褐色大衣，4号B先生是俄国旅客，穿灰色大衣，2号D先生是英国旅客，只能穿蓝色大衣，是国际间谍。

32. 根据已知（1）（2）（3）得知，云帆、玉明和泽宁3人的姓分别是高、骆和陈，推出文豪是第四个姓，姓马。根据已知（4）和这一结论，推出云帆姓高。再根据已知（2）推出玉明姓骆，剩下泽宁姓陈。即这4个人的姓名分别是马文豪、高云帆、骆玉明和陈泽宁。

33. 结论一，从已知（1）和（6）知道，电工不是老张和老陈，推出电工是老林；结论二，从已知（3）（4）（5）推出住在管工右边的人不是电工老林，是水工，54岁；结论三，从已知（2）和结论一、二推出，住在老林旁边的人是管工，52岁，因为住在老林旁边的肯定不是老林，当然也不是水工，因为水工是54岁；从以上推出，电工老林是50岁。从已知（1）（2）（3）及以上推理，知道管工右边的是水工，54岁，电工老林住在老张的左边，老张不是水工，因为水工的左边是管工，从此推出老张是管工，余下的水工是老陈。所以综合结论为：他们3家的房子从左到右依次为电工老林50岁，管工老张52岁，水工老陈54岁。

34. 从已知（1）和（8）推出老张52岁，他的女儿丽丽20岁。从已知（4）（5）（9）推出老李53岁，他的女儿莎莎19岁。从已知（6）和（10）推出老王54岁，他的女儿依依18岁。从已知（7）和（10）推出老马51岁，他的女儿璐璐17岁，因为老王比老马大三岁，老王54岁，所以老马51岁；从已知（2）和（3）推出老陈女儿是蓓蓓，21岁，因为她比18岁的依依大3岁，璐璐最小，所以17岁。而老陈只能是50岁，因为老王最大54岁，老李53岁，老张52岁，老马51岁，按照每人相差一岁，推出老陈50岁。综上结论：老张52岁，他的女儿丽丽20岁；老李53岁；他的女儿莎莎19岁；老王54岁，他的女儿依依18岁；老马51岁，他的女儿璐璐17岁；老陈50岁，他的女儿蓓蓓21岁。

35. A.从已知（1）推出，托马斯与健身教练和喝威士忌的不是一个人，只可能是税务员或者汽车销售员，喝的是啤酒或杜松子酒。B.从已知（2）和（5）推出，麦克不是税务员，喝的不是杜松子酒，只可能是健身教练或汽车销售员，喝的是啤酒或威士忌。C.从已知（3）和（6）推出乔恩不是汽车销售员只可能是健身教练或税务员。乔恩不是喝啤酒的，只能是喝杜松子酒或威士忌。在A中，如果托马斯是税务员，从已知（4）知道，税务员不是喝啤酒的，推出托马斯只能喝杜松子酒；在C中，乔恩只可能是健身教练或税务员，现在托马斯是税务员，乔恩只能是健身教练，而托马斯是喝杜松子酒的，所以乔恩只能喝威士忌，但从已知（1），健身教练和喝威士忌的不是一个人，乔恩是健身教练，喝威士忌的结论与已知条件不符，因此不成立，从而推出托马斯不是税务员，只能是汽车销售员。从A中推出托马斯只能是喝啤酒或杜松子酒。假设托马斯喝的是啤酒，从B中推出麦克可能是健身教练或汽车销售员，喝的是啤酒或威士忌。现在已推出托马斯是汽车销售员，那么麦克只能是健身教练，而托马斯喝啤酒，麦克只能喝威士忌。同理，从已知（1）得出，健身教练和喝威士忌的不是一个人，麦克是健身教练，喝威士忌的结论与已知条件不符，因此不成立，从而推出托马斯喝的不是啤酒，而是杜松子酒。以上推出托马斯是汽车销售员，喝的是杜松子酒。在推理C中，已知乔恩只可能是健身教练或税务员，只能是喝杜松子酒或威士忌。因为托马斯喝杜松子酒，乔恩无论是做什么的，都只能喝威士忌。同理，从已知（1）已经知道，健身教练和喝威士忌的不是一个人，所以乔恩不可能是健身教练，只能是税务员，喝威士忌。余下的麦克就是健身教练，喝啤酒。

结论：托马斯是汽车销售员，喝的是杜松子酒；乔恩是税务员，喝威士忌；麦克是健身教练，喝啤酒。

36. A.从已知条件（2）（4）（5）推出，马琳不是购买粉饼的女孩、购买面霜的女孩，选择唇膏的女孩比选择面霜的女孩身材高，而马琳在3人中个子最矮，所以，马琳也不是购买唇膏的女孩；由此推出，马琳只能是购买腮红、粉底液、爽肤水这3种化妆品中的两种。B.从已知条件（1）又知道，选择腮红的女孩和选择粉底液的女孩不是同一人，根据推理A，腮红和粉底液两种中有一种不是马琳购买的，可以肯定爽肤水是马琳购买的化妆品。C从已知条件（3）知道，田蕾不是购买唇膏的女孩和购买粉底液的女孩；从推理A知道，购买唇膏的也不是马琳，推出购买唇膏的是郑楠；同时

也推出购买粉底液的是马琳。D.从已知（4）知道选择唇膏的女孩和选择面霜的女孩不是同一人，当然也不是马琳，从推理C知道购买唇膏的是郑楠；从而推出购买面霜的女孩是田蕾。E.从已知条件（5）知道购买粉饼的女孩、购买面霜的女孩与马琳不是同一人，从推理D知道了购买面霜的女孩是田蕾，可以推出购买粉饼的是郑楠，余下的腮红只能是田蕾购买的。所以结论为：马琳购买的是爽肤水和粉底液；田蕾购买的是面霜和腮红；郑楠购买的是唇膏和粉饼。

37. 如果乔治说的是真话，那么根据乔治、马修和艾伦说的话，就有3个人说了真话，与"只有一个学生说了真话"相矛盾，不成立；同理，如果里奥说的是真话，就有两个人说了真话，也与"只有一个学生说了真话"矛盾，不成立；如果马修说的是真话，无论是谁偷了试卷，都不止一人说的是真话，也不成立；所以只能是艾伦说的是真话，即里奥说"试卷是艾伦偷走的"是撒谎，推出试卷不是艾伦偷的；乔治说"试卷是里奥偷走的"也是撒谎，推出试卷不是里奥偷的；马修说"我没有偷试卷"也是撒谎，因此试卷是马修偷的。

38. A根据已知（3）（4）（5）知道，苏珊养狗，丽莎不养狗，艾米不养鱼，从而根据已知（1）推出丽莎只能是养猫、鹦鹉和热带鱼中的一种；艾米只能养猫、鹦鹉和狗中的两种；根据已知（8）推出苏珊养狗，所以不能养鹦鹉，只能是养狗和猫与热带鱼中的一种。从推理A知，苏珊养狗和猫与热带鱼中一种。如果是热带鱼，则是苏珊养狗和热带鱼两种，而根据已知（6），苏珊与安娜饲养的宠物不相同，推出安娜只能养鹦鹉和猫；安娜与丽莎饲养的宠物也不相同，丽莎只能是养狗和热带鱼中的一种，由已知（4）知道丽莎不养狗，推出丽莎养热带鱼；根据已知（7）知道艾米的宠物与安娜的有相同的，艾米只能养猫、鹦鹉和狗中的两种。而不管是

哪两种，结果只能是养狗的有两个人，苏珊和艾米；养热带鱼的有两个人，苏珊和丽莎；养鹦鹉的有两个人，安娜和艾米；养猫的有两个人，安娜和艾米，每种宠物都是两人饲养，没有3人都饲养的，这与已知（2）不符，因此不成立。苏珊养热带鱼不成立，只能养狗和猫两种宠物。而根据已知（6），苏珊与安娜饲养的宠物不相同，推出安娜只能养鹦鹉和热带鱼；安娜与丽莎饲养的宠物也不相同，丽莎只能是养狗或猫中的一种，而由已知（4）知道丽莎不养狗，推出丽莎养猫；根据已知（7）知道艾米的宠物与安娜的有相同的，从而得出艾米只能养鹦鹉、猫和狗。其中鹦鹉和安娜饲养的宠物相同，其他两种只能再有一种，如果是狗，那么，养狗的是苏珊和艾米；养鹦鹉的是安娜和艾米；养热带鱼的是安娜，养猫的是安娜和丽莎，也没有3人都在饲养的宠物，与已知（2）不符，因此也不成立。所以艾米养的另一只宠物只能是猫，这样养猫的有苏珊、丽莎和艾米3人，与已知条件一致，所以艾米养的是鹦鹉和猫。因此综合结论就是：苏珊养狗和猫；艾米养鹦鹉和猫；安娜养鹦鹉和热带鱼；丽莎养猫。

39. 根据条件（2）推出，露西排在第3位，在排在末尾的第6之间有第4和第5两个人；根据条件（4），科比只能是第3和第4位，因为露西是第3位，所以科比只能排在第4位；根据条件（5）推出，苏珊应排在第5位，因为前面至少有4个人的只能是第5和第6，但苏珊不是最后面，所以只能是第5位；剩下第1、第2和第6位，从条件（1）知道，乔治既不排在队伍的前端也不排在队伍的末尾，所以，乔治只能是第2位；根据条件（3），位于队伍末尾的不是哈利，所以哈利只能是第1位；余下的比尔就排在第6位。综上，这6位观众的前后顺序为：哈利、乔治、露西、科比、苏珊、比尔。

40. 如果第一个是魔鬼，那他说的就是假话，即第二个和第三个都是魔

鬼；如果第二个是魔鬼，他说的话就是假话，即第一个和第三个没有一个是魔鬼，这个结论与假设的第一个人是魔鬼矛盾，不成立，从而推出第一个说话的是天使，说的是真话。如果第二个是天使，那他说的就是真话，那么第一个和第三个就至少有一个是魔鬼，前面已推出第一个是天使，那么第三个只能是魔鬼；如果第二个是魔鬼，那他说的就是假话，那么第一个和第三个就都是天使。综合上述两种情况，无论第二个说谎与否，他们3个当中有2个天使，而第三个人的发言没有实质内容。

41.因为只有一家人说了真话，假设孙爷爷说的是真话，那么剩下三家人都说的是假话，即推理得出是赵家中了头奖，与其他已知条件相符。所以答案就是赵家中了头奖。

42.从已知（1）知道，家电部第四，化妆品部在第四位之前，箱包部在第四之后；从已知（2）（5）知道，家纺部第六，箱包部在第六后面，在玩具部前面，一共八个部门，由此可以推出，箱包部第七，玩具部第八；结合已知（3）（4），可以知道化妆品部在第四位之前，并在食品部之前，服装部之后，鞋帽部又落后食品部两个名次，且目前剩下第一、第二、第三、第五共4个位置，由此推出，第一位是服装部，第二位是化妆品部，第三位是食品部，鞋帽部应当是第五位。即第一位是服装部，第二位是化妆品部，第三位是食品部，第四位是家电部，第五位是鞋帽部，第六位是家纺部，第七位是箱包部，第八位是玩具部。

43.根据已知（1）（2）（3）推出，中国生产的相机不是B和C，只能是A；根据已知（2）（3）知道，C相机不是德国产的，也不是中国产的，推出是美国生产的；余下的B相机就是德国产的。即A相机产自中国，B相机产自德国，C相机产自美国。

44.根据维拉、赫莉所说的话，可以推出维拉和赫莉都猜错了，因为她们都猜安娜会是最佳女演员，如果安娜是，就至少有两个人猜对，这与最后的结果不符，所以安娜不是大奖得主，由此也能得出安娜猜对了这一结论。故，可以得出玛丽的猜测也是错的，所以玛丽是真正的最佳女演员奖的得主。

45. 根据已知（4）和最后一段话，可以推出德里说的是谎话，因为如果他真的是冠军，那他的话就是真话，与最后的结果不符合，所以他不是冠军，而说谎的只有第一名和第三名，所以他只能是第三名；从这一推理出发，根据已知条件（3），可以推出罗伯特说的是真话，可能是第二或是第四名；再根据已知条件（1），假设艾伦说的是真话，推出马克说的是谎话，并且是第一名，而艾伦说："马克比罗伯特到达得晚"，与所推的马克是第一名结果不符，因此不成立，从而推出艾伦说的是谎话，即马克比罗伯特到达得早；根据已知条件（2）及以上推理，推出马克说的是真话，他比第一名艾伦晚，是第二名；余下的罗伯特是第四名。故：他们真正的到达顺序应该为：第一名艾伦、第二名马克、第三名德里、第四名罗伯特。

46. 假设这件事是李家兄弟干的，而李家兄弟一贯撒谎，那么这句话就是假话，从而推出这是张家弟弟干的，推出的结论与假设不符，因此假设不成立；既然排除了这件事不是李家兄弟干的，那就是张家兄弟干的，张家兄弟只说真话，那么这句话就是真话，从"这不是张家弟弟干的"推出这事是张家哥哥干的。

47. 由条件（2）（3）推出，琳达是三妹，因为二姐不是琳达，比琳达体重重，琳达也不是大姐，琳达的头发比大姐短；由条件（2）和以上推理推出，娜娜是大姐，因为娜娜的头发比二姐长，三妹又是琳达，余下的二姐就是丽莎。由条件（2）（3）（4）和前面的推理推出，大姐娜娜头发最长，体重最轻，二姐丽莎体重最重，三妹琳达体重中等。由条件（1）（3）（4）（5）推出，大姐娜娜身

材最高,因为三妹比大姐身材矮,二姐身材又不是最高;三妹琳达最矮,因为最矮的不是二姐丽莎;二姐丽莎身材中等;三妹琳达的腰围最肥,大姐娜娜的腰围中等,二姐丽莎的腰围最瘦,因为头发最长的大姐娜娜比体重最重的二姐丽莎腰围要肥。由条件(1)(5)及以上推理推出,三妹琳达比身材最瘦的二姐丽莎头发短,所以三妹琳达头发最短,二姐丽莎头发中等长。所以总的结论如下表:

	头发	身材	体重	腰围
大姐娜娜	最长	最高	最轻	中等
二姐丽莎	中等	中等	最重	最瘦
三妹琳达	最短	最矮	中等	最肥

48.根据已知条件杜松子酒的相关信息可以推出,威士忌酒在左数第一个酒瓶中,杜松子酒在左数第五个酒瓶中,龙舌兰酒在左数第六个酒瓶中。因为一共6个酒瓶,杜松子酒在威士忌右边第四个,右边还有一个龙舌兰,那么它就是左数第五个,所以能确定以上排列顺序。再根据白兰地和伏特加酒的信息,推出余下的伏特加、白兰地、朗姆酒的排列分别是左数第二、第三、第四位。所以最右边的酒瓶里装的是龙舌兰酒,6瓶酒的顺序依次为:威士忌、伏特加、白兰地、朗姆酒、杜松子酒、龙舌兰酒。

49.根据已知条件,流浪狗的数量应当是3×4的倍数,由此推出,一共有60只流浪狗,捐赠食盆60/2=30(件);水盆60/3=20(件);狗舍60/4=15(件),30+20+15=65(件),合乎题意。

50.根据已知条件(1)~(4),可以推出艾米主演的《幸福往事》在B台播出,因为苏珊的剧在A台播出,蒂娜的剧在C台播出,而《爱上陌生人》在D台播出;根据已知条件(1)~(5)和这一推理,可以推出苏珊主演的在A台播出的电视剧是《阳光少女》;根据已知条件（2）～（5）和以上推理，可以推出蒂娜主演的在C台播出的剧是《彩虹》；根据已知条件（2）和以上推理，可以推出在D台播出的电视剧《爱上陌生人》是莉莲主演的。即《阳光少女》在A台播出，女一号是苏珊；《幸福往事》在B台播出，女一号是艾米；《彩虹》在C台播出，女一号是蒂娜；《爱上陌生人》在D台播出，女一号是莉莲。

51. 根据已知条件，选择最小宝石的只能是安娜，安娜买的是2克拉的蓝宝石；玛丽买的是2.5克拉的黄宝石；还有3克拉和2.8克拉的两枚宝石，以及珍妮和翠茜两个女孩，翠茜的比珍妮的小一点，所以翠茜买的是2.8克拉的绿宝石；珍妮买的是3克拉的红宝石。

52. 根据已知条件可以推出，阿丽的对面不是话剧演员，也不可能是林乔，因为小欢和家豪相邻而坐，阿丽的对面只能是他们之中的一位，林乔坐在阿丽左边或者右边。而林乔和话剧演员是对面而坐，已知舞蹈演员坐在阿丽的左边，从而推出林乔就是这个舞蹈演员，其对面是话剧演员，话剧演员的左边是阿丽。根据条件可知歌唱演员的左边是一位女士，但这位女士不是阿丽，因为由以上可知阿丽在话剧演员左边，从而推出这位女士是小欢。小欢坐在歌唱演员的左边，如果小欢坐在阿丽的对面，就是在舞蹈演员林乔的左边，与已知不符，她只能坐在阿丽的右边，所以根据推理，阿丽的右边是话剧演员小欢。从上推出，阿丽的对面是歌唱演员家豪。余下的阿丽就是戏曲演员。

53. 已知：A与甲合作是假的；甲与C搭档是假的；C与丙一起是假的。所以推出C与乙是搭档，A与丙是搭档，余下的B与甲是搭档。

54. 如果埃拉说的是真话，则推出比恩说谎，而比恩说"塞斯说谎"，则推出塞斯说的是实话，即"埃拉、比恩都说谎"，与假设矛盾，所以不成立。由上述可知埃拉说谎，从埃拉说谎，推出比恩说的

097

是真话。所以"塞斯说谎"是真的，而塞斯说"埃拉、比恩都说谎"，其中比恩没说谎，说明塞斯确实在说谎，又与比恩所言符合。从而得出结论：比恩说的是真话，埃拉和塞斯说的则是谎话。

55. 根据已知条件，一共有6个房间，琼斯在芭芭拉后面第四个房间，又在莉泽房间的前面，因此确定可以推出，琼斯住在第五间，莉泽住在第六间，芭芭拉住在第一间。所以剩下的第二、三、四间房住着薇安、安妮和詹妮弗，薇安住第二间，安妮住第三间，詹妮弗住第四间。故得出答案：1.最后一个房间住的是莉泽；2.在第四个房间可以找到詹妮弗；3.第一个房间住的是芭芭拉；4.第二个房间是薇安的。

56. 已知只有一个孩子说的是真话，其余3人说假话。如果A的话成立，是C打的，则有A和B两人说得对，与题意不符，因此不成立；如果D的话成立，是A打的，则有C、B、D三人说得对，也与题意不符，因此不成立；如果是D打的，则有B、C两人说对了，也不成立；余下的只有B，如果是B打的，则A、D都说错了，只有C说得对，与题意一致，因此成立。所以得出结论，说真话的是C，玻璃是B打破的。

57. 根据已知条件推出，有两个年代得到肯定，一为宋代，一为清代：如果是宋代，则甲和乙两个判断都对，丙的两个判断都错，与题干结果不符，不成立；如果是清代，那么甲的两个判断一对一错，乙的两个判断都错，而丙的两个判断都对，与题干结果相符合，因此推出这个瓷瓶是清代的。

58. 根据比恩所说的话和最后的结果可以推出，比恩的推测是错误的，因为如果他对了，与题意不符，从而推出希茜不是歌手；而根据希茜的推测可以推出，蒂妮是记者，因为希茜不是歌手，他的推测是错误的，非P的负判断是P，推出蒂妮是记者；同理，根据蒂妮的

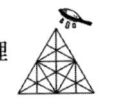

推测,可推出比恩是画家;所以艾拉的推测是正确的,艾拉是歌手;余下的希茜是演员。综上:蒂妮是记者;比恩是画家;艾拉是歌手;希茜是演员。

59. 根据甲说的,C是技术最差的,但乙、丁、己的结论都说C不是最差的,由此推出,甲的话是错的,其他人的话都没错。从丙、戊的话可以推出,B、D都不是技术最好的,从己的话看出,A也不是技术最好的,所以结论是C才是最好的医生。

60. 第一次,两个小孩坐船过河,其中一个小孩划船回来;第二次,一个大人坐船过河,另一个小孩划船回来;第三次,两个小孩坐船过河,其中一个小孩划船回来;第四次,一个大人坐船过河,另一个小孩划船回来;第五次,两个小孩坐船过河,其中一个小孩划船回来;第六次,一个大人坐船过河,另一个小孩划船回来;第七次,两个小孩坐船过河,其中一个小孩划船回来;第八次,一个大人坐船过河,另一个小孩划船回来;第九次,两个小孩一起坐船过河到对岸。

61. 根据最后的提示,有2人以上的人打到了2只野兔,即有3个人有或4个人打到了2只野兔,而4个人总共打了10只,所以有3个人打到了2只野兔,另有1人打到了4只。而打到了两只野兔的人所说的是假话,因此有3个人说谎,并且4个人当中每2个人打到的野兔之和都为偶数。由此可知,艾瑞克说的是真的,他打了4只,其余3个人各打了2只。所以总的结论为:罗斯打了2只;凯文打了2只;杰克打了2只;艾瑞克打了4只。

62. 假设制片人说的是谎话,他说"司机没有杀死苏珊",则推出司机杀死了苏珊;但司机说制片人说的是真的,即司机不承认自己是凶手,这与真正的凶手说的是实话不符,因此假设不成立,从而推出制片人说的是真话,司机不是杀死苏珊的凶手;从这一推理推出,

制片人说的是真话，从而推出男主演说的是假话，根据真正的凶手说的是实话推出，男主演也不是凶手；真正的凶手是制片人。

63. 根据已知条件，珍妮与凯特的话相互矛盾，或者是珍妮说谎，或者是凯特说谎，属于不相容的选择判断，只能是一真一假；先假设珍妮说的是真话，推出凯特杀死了罗本，从而推出薇薇安说的是真话，这就出现两个女人说了真话，与"只有一个女人说了真话"的已知条件不符，因此，珍妮说的是真话的假设不成立，从而推出珍妮说的是假话；根据这个推理，珍妮说的是假话，推出凯特说的就是真话，所以其他女人说的都是假话，薇薇安说"我没有杀人，我是无辜的"是假话，推出薇薇安杀死了罗本。

64. 根据（1）推出，小张分到的莲蓉月饼是5块，其他3种馅料中，豆沙馅1块，果仁馅1块，枣泥馅1块；因为一共40块，5人平均分每人是8块，比其他3种总和多，而且每种月饼都有，只能这样分。根据已知条件（2）推出，小陈的枣泥月饼是1块，因为他的这种月饼比其他任何一种馅的都少；从而推出其他馅的月饼都是2块或以上，而小张的莲蓉月饼已经有5块，还有5块莲蓉月饼其他4个人分，只能1人是2块，3人每人1块，所以，小陈的莲蓉月饼是2块，小李的莲蓉月饼是1块，小王的莲蓉月饼是1块，小孙的莲蓉月饼是1块。根据（3）和前面的推理推出，小李分到的豆沙月饼是3块，因为他的莲蓉月饼和豆沙馅的月饼总数与枣泥馅和果仁馅的月饼总数相等，那就是各是4块，已知小李的莲蓉月饼是1块，那么他的豆沙月饼就是3块。根据（4）和上述推理推出，小王的果仁月饼是1块，豆沙月饼是2块，因为他的豆沙月饼是果仁月饼的两倍，如果他的果仁月饼是2块，那么他的豆沙月饼就得是4块，而从以上推理知道，小张的豆沙月饼是1块，小李的豆沙月饼是3块，小陈的豆沙月饼最少是2块，这就是6块了，加上他的4块就已经是10块了，小

孙就没有豆沙月饼了,这与已知每人都有4种馅料月饼的条件相矛盾,因此是不可能的。根据条件(6)和上述推理推出,小孙的果仁月饼是3块,枣泥月饼是3块,因为,小张的豆沙月饼是1块,小李的豆沙月饼是3块,小王的豆沙月饼是2块,而小陈的豆沙月饼最少是2块,如果是2块,那他们的豆沙月饼总数已经是8块了,小孙最多就是2块,由于他的果仁月饼和枣泥月饼一样多,那么他的莲蓉月饼和豆沙月饼的总和也必然是偶数,他的莲蓉月饼是1块,所以他的豆沙月饼也只能是1块。从而推出,小陈的豆沙月饼是3块,果仁月饼是2块;从上述推理知道小王的果仁月饼是1块,豆沙月饼是2块,莲蓉月饼是1块。从而推出小王的枣泥月饼是4块;同时推出小李的枣泥月饼是1块,果仁月饼是3块。所以结论见下表:

	莲蓉月饼	豆沙月饼	枣泥月饼	果仁月饼
小张	5块	1块	1块	1块
小陈	2块	3块	1块	2块
小李	1块	3块	1块	3块
小王	1块	2块	4块	1块
小孙	1块	1块	3块	3块

65. 根据已知条件可以推出马克是医生,因为托尼不是医生,汤姆从未做过手术;进而推出汤姆是律师,因为还有律师和警察两种职业,汤姆与警察住邻居,所以他不可能是警察,只能是律师;余下的托尼是警察。

66. 根据已知条件推出,战神队是第三名,因为一共6支球队,战神队与最后一名之间有两支球队;白象队是第四名,因为前面和后面都至少有2支球队的只能是第三名或第四名,前面已推出第三名是战神队,所以白象队只能是第四名;雷电队是第五名,因为前面至少有4支球队的只能是第五名或第六名,雷电队不是最后一名,也就是说不是第六名,所以只能是第五名;凤凰队是第六名,也就是最

后一名，因为奔马队、红光队及以上的战神队、白象队和雷电队都不是最后一名；剩下第一名和第二名，由于奔马队不是第一名，从而推出奔马队是第二名；余下的红光队是第一名。故6支球队的成绩排名依次为：红光、奔马、战神、白象、雷电和凤凰。

67. 先假设托尼是军人，则推出汤姆的职业是公车司机，乔治的职业是警察，这样麦克的职业就不可能是警察或公车司机了，这个条件就是假的了，因此"托尼是军人"的假设不成立。从而推出汤姆的职业是军人，由此可以相继推出乔治的职业是警察、麦克的职业是公车司机，余下的托尼的职业是律师。

68. 假设与露茜结婚的男士是乔治，则记者A、B、C都猜对了，与至少有一个人猜错的条件不符，因此不成立；假设这个男士是马克，则记者A、B、C都猜错了，与至少有一个人猜对的条件不符，因此也不成立；既然这个男士不是马克和乔治，那么只能是吉米，这样记者A和B猜对了，记者C猜错了。

69. 根据已知条件推出，乔治是运动员，因为他不是律师和乘务员，并且杰克是医生；乔治是加拿大人，因为他不是澳大利亚人和美国人，英国人不是运动员，由上面可知他是运动员，所以他也不是英国人；从而推出乔治答对了4道智力题，因为已知条件（1）（2）（3）分别统计3个人答对的智力题共是8、9、7道，8=4+1+3，9=4+2+3，7=4+1+2，只有答对4道题的选手是全部参加这3次统计的，而乔治正是全部参加3次统计的选手；进而可以推出，乔治是加拿大人，运动员，答对了4道智力题，美国人和杰克只能分别答对1道和3道智力题，杰克是医生，是已知条件（3）中的选手，而此组3人中只有答对4道、2道、1道智力题的，没有答对3道题的，所以推出杰克答对了1道智力题，美国人答对了3道智力题；从而推出美国人是律师，因为已知条件（2）这组3人中只有答对4道、2道、3道智

102

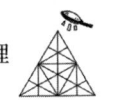

力题的,已推出乔治是加拿大人、运动员、答对了4道题,律师只能是美国人答对了3道题;还有一个澳大利亚人,答对了2道题;从而推出英国人答对了1道题,即杰克是医生,答对了1道题,是英国人;从而推出吉姆答对了2道题,是澳大利亚人,是乘务员;余下的答对了3道题的律师美国人是汤姆。所以总的结论如下表:

选手姓名	职业	国籍	答对智力题的数量
乔治	运动员	加拿大	4道
杰克	医生	英国	1道
汤姆	律师	美国	3道
吉姆	乘务员	澳大利亚	2道

70.7。积为24的两个数可能是3、8或4、6两组;商为3的两个数可能是1、3或2、6或3、9三组。假设丙取到3、8,则丁只能取到2、6,剩下的5个数中,和为10的只有1、9,差为1的只有4、5,那么,剩下的一张就是7。假设丙取到4、6,则丁可能取到1、3或3、9。假设丁取到1、3,则和为10的只有2、8,而剩下的5、7、9中没有差为1的组合,排除;假设丁取到3、9,则和为10的只有2、8,而剩下的1、5、7中没有差为1的组合,排除。因此答案只能是7。

71.女护士。先考虑不把说话者计算在内的情况,这时医生和护士共有15名。首先由条件(1)可知,护士至少应有8名;再由条件(3)可知,男护士至少有5名;接着由条件(2)可知,男医生至少有6名;结合条件(4)可知,医生至少有7名,则护士至多8名。所以,要满足条件,只能是护士8名,其中男护士5名,女护士3名;医生7名,其中男医生6名,女医生1名。加上说话者后,要仍满足这4个条件,由条件(1)可知,说话者是护士;由条件(2)可知,说话者不能是男护士,所以只能是女护士。

103

72. **英语。**甲不会法语，但当乙与丙交流时需要他当翻译，说明乙和丙没有共同都会的语言，甲会乙和丙各自所会的两种语言中的一种。乙会汉语，丁不懂汉语，但能跟乙交流，说明乙和丁有一种共同的语言。没有人既懂德语又懂汉语，所以乙不懂德语。假设乙会英语，丁不懂汉语，但能跟乙交流，则丁会英语，乙、丙两人不能单独交流，则丙会法语和德语，甲不会法语，所以只能会丙两种语言中的德语，而且没有人即懂德语又懂汉语，甲只能会乙两种语言中的英语，所以，甲会德语和英语，则甲、乙、丁都会英语。假设乙会法语，则甲会汉语和英语，乙、丙两人不能单独交流，则丙会英语和德语，有一种语言3人都会，则丁会法语和英语，所以甲、丙、丁3个都会英语。

Chapter3

数字计算

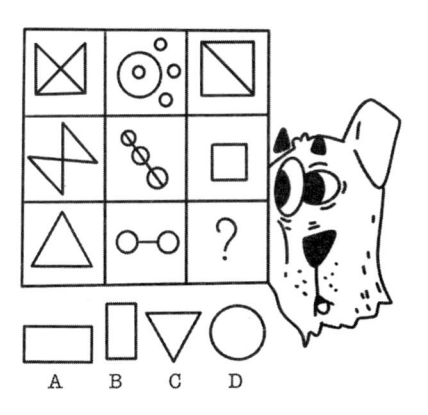

1. 海蒂爷爷对别人说："我每个儿子的兄弟与他们儿子的数量一样多，我儿子们与孙子们的数量加起来恰好是我的年龄。"已知海蒂爷爷的年龄在50岁到70岁之间，你知道海蒂爷爷多少岁了吗？

2. 下面这个图形的尺寸是177cm×176cm，它被分成了11个正方形。所有新正方形的边长都是以cm为单位的整数，请计算出每个正方形的大小。

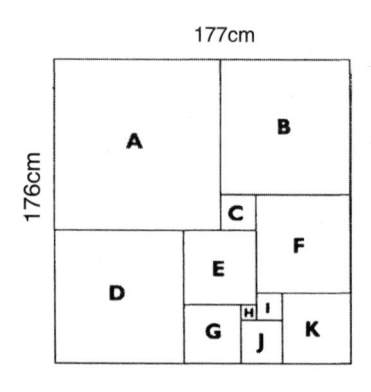

Chapter3 数字计算

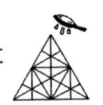

3.如果字母的值与它们在字母表中位置的数值相同，如k=11，那么这个乘法序列的乘积是多少？

　　（t−a）（t−b）（t−c）…（t−z）

4.星星处应该填入什么数字？

8752	4524	1080
6978	5382	4346
7388	6424	★

5.字母网格中的星星处应该填入什么数字呢？

	A	B	C	D	E	F
a	7	8	3	5	7	9
b	3	7	4	5	2	9
c	2	2	1	2	2	2
d	4	2	7	5	0	8
e	6	5	9	8	6	4
f	8	2	1	7	5	6

9	1	6	8	4	5
8	3	2	8	8	2
3	0	★	3	1	1
0	9	★	4	9	9
6	4	9	9	1	5
7	1	4	9	6	7

6.乔有9个孩子，他们出生的时间间隔相同。这9个孩子年龄的平方总和等于乔年龄的平方，请问孩子们分别多大了？

7.使用数字1～9组成一个九位数,每个数字只能使用一次,使第一位数可以被1整除,前两位数可以被2整除,前三位数可以被3整除,依次类推,一直到九位数能够被9整除。

8.布鲁斯最多有6发子弹,但被要求得到整整100分,你能帮他在这个不寻常的靶子上实现吗?

9.在下面的四边形中,从顶部开始顺时针填入4个数学符号,即 +、-、×、÷ 并按此顺序计算(不按最终等式的四则运算规则),使位于中间的答案成立。

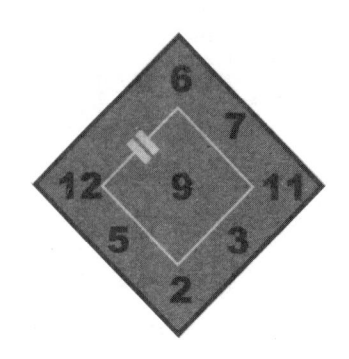

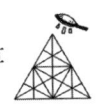

10.在1993年的一天,琼斯说:"我发现我现在的年龄正好是我出生年份的4个数之和。"你能推算出琼斯是哪一年出生的吗?

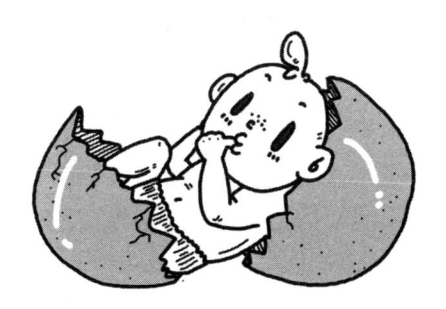

11.你能只通过一次测量计算出下面圆形垫圈的阴影面积吗?

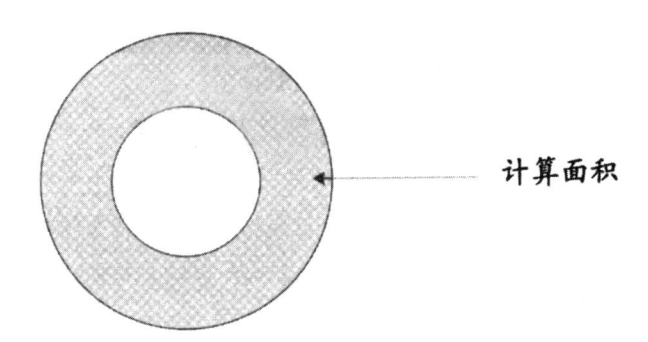

计算面积

12.甲、乙两名运动员在长100米的游泳池两边同时开始相向游泳,甲游100米要72秒,乙游100米要60秒,转身时间不计,在12分钟内,二人会相遇多少次?

13.已知甲的年龄是乙的两倍，乙比丙小7岁，三人的年龄之和是小于70的质数，且这个质数的各位数字之和为13，请问：甲、乙、丙三人的年龄分别是多少？

14.甲、乙、丙三人比赛象棋，每局比赛后，若是和棋，则这两个人继续比赛，直到分出胜负，负者退下，由另一人与胜者比赛。比赛若干局后，甲胜4局负2局，乙胜3局负3局，如果丙负3局，那么丙会胜几局？

15.一副扑克牌有4种花色，每种花色有13张，从中任意抽牌，最少要抽多少张才能保证有4张牌是同一花色的？

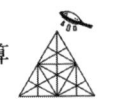

16. 有两副扑克牌，牌的排列顺序都是：大王、小王、黑桃、红桃、方块、梅花4种花色排列，其中每种花色又按A，2，3，…，J，Q，K的顺序排列，有个人把这两副扑克牌上下叠放在一起，然后从上到下把单数张的丢掉，把双数张放在最底层，直到剩下最后一张牌，那么这张牌会是什么呢？

17. 将7个相同的小球分别放入3个相同的盒子里，允许有的盒子空着，请问会有多少种不同放法？

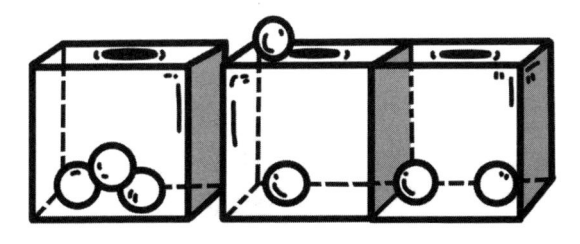

18. 有100个人，其中至少有1人说假话，又知这100人里任意2人总有1个说真话，那么说真话的究竟有多少人？

19. 现在有长度分别为1、2、3……9cm的线段各一条，请问可用多少种不同的方法从中选用若干条组成正方形？

20. 袋子里装有2002颗糖果，薇薇和安安轮流取，每次可取1、2或3颗，谁能最后取完糖果谁就获胜。如果安安先取，她能获胜吗？如果想获胜，该如何玩这个游戏？

21. 有甲、乙、丙、丁4头牛，甲牛过河需1分钟，乙牛需2分钟，丙牛需5分钟，丁牛需6分钟，放牛娃每次只能骑一头牛、赶一头牛过河，请问：怎样才能使过河时间最短？

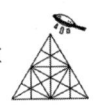

22.父亲45岁,儿子23岁。请问:几年前父亲的年龄是儿子的2倍?

23.姐妹两人3年后年龄之和为27岁,妹妹现在的年龄恰好等于姐姐年龄的一半,请问姐妹二人年龄各为多少?

24.大熊猫的年龄是小熊猫的3倍,再过4年,大熊猫的年龄与小熊猫年龄的和为28岁。请问大、小熊猫各几岁?

25.涛涛的爷爷比奶奶大2岁,爸爸比妈妈大2岁,全家五口人共200岁。已知爷爷的年龄是涛涛的5倍,爸爸的年龄在4年前是涛涛的4倍,请问涛涛全家人各是多少岁?

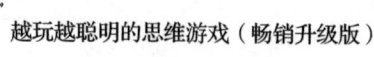

26.由甲地到乙地有一辆巴士,全程行驶时间为42分钟,到达总站后,司机至少休息10分钟,巴士就掉头行驶。如果这条线路甲、乙两边总站每隔8分钟都发一辆,那么这条线路至少需多少辆巴士?

27.为庆祝国庆节,一列彩车车队共52辆车,准备接受检阅,已知每辆车车长4米,前后每辆车相隔6米,车队每分钟行驶105米。那么这列车队通过536米长的检阅场地,需要多少分钟呢?

28.编号为1至10的10个果盘中,每盘都盛有水果,共盛放100个。其中第一盘里有16个,并且编号相邻的3个果盘中水果数的和都相等,那么第8盘中水果最多可能有几个?

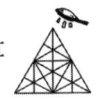

29.某玩具店第一天卖出玩具小狗98个,每个获得利润44.1元;第二天卖出玩具小狗133个,获得的利润是成本的40%。已知第一天卖玩具小狗所得的钱数和第二天所得的一样多,那么每个玩具小狗的成本是多少元呢?

30.接下来的数字是多少呢?

11,21,33,45,55,?

31.两艘渡轮在同一时刻驶离河的两岸,一艘从A驶往B,另一艘从B开往A,其中一艘开得比另一艘快些,因此它们在距离较近的岸500千米处相遇。到达预定地点后,每艘船要停留15分钟,以便让乘客上下船,然后它们又返航。这两艘渡轮在距另一岸100千米处重新相遇。试问河有多宽?

32.有一个圆形花坛,绕它走一圈是120米。如果在花坛周围每隔6米栽一株丁香花,再在相邻的两株丁香花之间等距离地栽2株月季花。请问:一共可以栽多少株丁香花?多少株月季花?每2株紧相邻的月季花相距多少米?

33.一份稿件需要打字,甲、乙两人合打10天可以完成。甲单独打15天可以完成。那么,乙单独打需要几天完成呢?

34.一队解放军以每小时行5千米的速度从驻地出发去执行任务。离开驻地3千米时,排长命令通信员骑自行车回驻地取地图。通信员以每小时10千米的速度回到驻地,取了地图立即归队。请问:通信员几小时可以追上队伍?

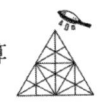

35.甲、乙二人围绕一条长400米的环形跑道练习长跑。甲每分钟跑350米,乙每分钟跑250米。二人同时从起跑线出发,经过多长时间甲能追上乙?

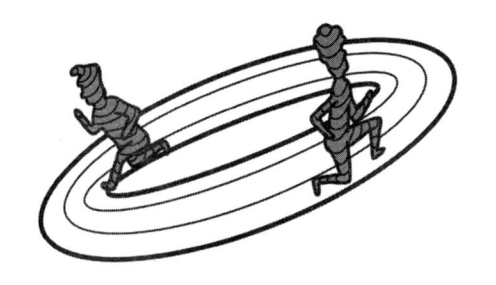

36.某工厂生产一种零件,要经过三道工序。第一道工序,每名工人每小时做50个;第二道工序,每名工人每小时做30个;第三道工序,每名工人每小时做25个。请问:在要求均衡生产的条件下,这三道工序至少各应分配多少名工人?

37.有一个电子钟,每到整点响一次铃,每走9分钟亮一次灯。中午12点整时,电子钟既响铃又亮灯。请问:下一次既响铃又亮灯会是几点钟呢?

38.有4个学生,他们的年龄恰好一个比一个大一岁,他们的年龄数相乘的积是5040。请问这4个学生分别是多少岁?

39.商店上个月购进的蓝墨水瓶数是黑墨水瓶数的3倍,每天平均卖出黑墨水45瓶,蓝墨水120瓶。过了一段时间,黑墨水卖完了,但蓝墨水还剩300瓶,请问:这个商店上月购进蓝墨水和黑墨水各多少瓶?

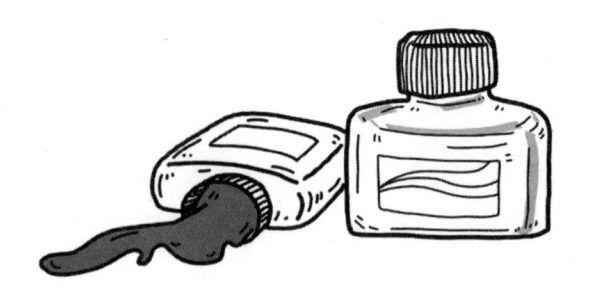

40.一位天文爱好者说:"土星直径比地球直径的9倍还多4800千米,土星直径除以24等于水星直径,水星直径加上2000千米等于火星直径,火星直径的一半减去500千米等于月亮直径,月亮直径是3000千米。"你知道地球直径是多少千米吗?

41.甲、乙两辆车分别从东、西两城同时相对开出,4小时后相遇,相遇后甲车再经过2小时到达西城。那么乙车再经过几小时可以到达东城呢?

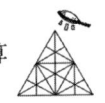

42.要把5元/500克的红辣椒和3.5元/500克的青辣椒混合起来售卖，定价4.1元/500克，应按怎样的比例混合，卖主和顾客才都不吃亏？

43.一列快车全长151米，每秒钟行驶15米，一列慢车全长254米，每秒钟行驶12米。两车相对而行，从相遇到离开需要用几秒钟？

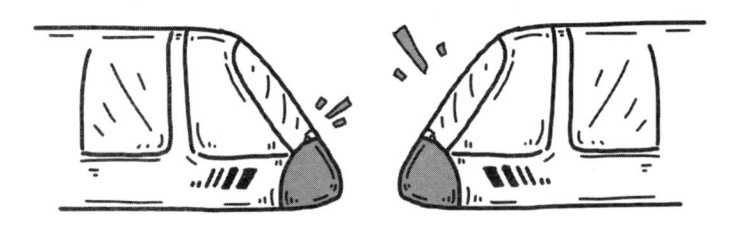

44.有一列火车，长120米，以每小时18千米的速度通过一座长150米的隧道。请问：从火车头进隧道到火车尾部离开隧道共需要多长时间？

45. 学校买来9个同样的篮球和5个同样的足球，共付款432元。已知每个足球比每个篮球贵8元，你知道篮球、足球的单价各是多少元吗？

46. 用1000个黑珠、白珠串成一串。珠子的排列顺序是：一个白珠、一个黑珠、两个白珠。请问：这一串珠子中有多少个白珠？最后一个珠子是黑色的还是白色的？

47. 商店出售饼干，现存10箱5千克重的，4箱2千克重的，8箱1千克重的，一位顾客要买9千克饼干，为了便于携带要求不开箱。请问：营业员有多少种发货方式？

48. 印刷工人在排印一本书的页码时共用1890个数码，这本书有多少页？

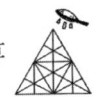

49.有一个学生读一本书,用一天读80页的速度,需要5天读完,用一天读90页的速度,需要4天读完。现在要使每天读的页数跟能读完这本书的天数相等,每天应该读多少页?

50.请在下面式子里的适当位置上加上括号,使它们的得数分别是 47、75、23、35。

(1) 7×9+12÷3-2=47

(2) 7×9+12÷3-2=75

(3) 7×9+12÷3-2=23

(4) 7×9+12÷3-2=35

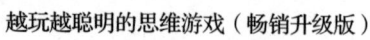

51.请把1、2、3……11各数填在下图中的方格里,使每一横行、每一竖行的数相加都等于18。

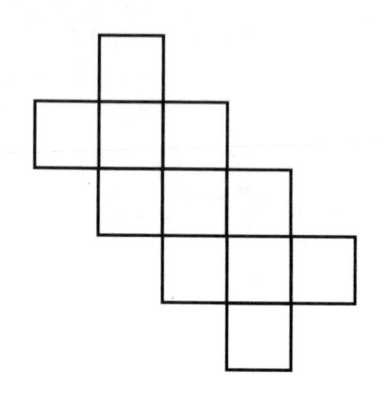

52.请在下面的15个8之间的任何位置上,添上+、-、×、÷符号,使得下面的算式成立。

8 8 8 8 8 8 8 8 8 8 8 8 8 8 8=1986

53.用一根80cm长的铁丝围成一个长方形,长和宽都要是5的倍数,请问:哪一种方法围成的长方形面积会是最大?

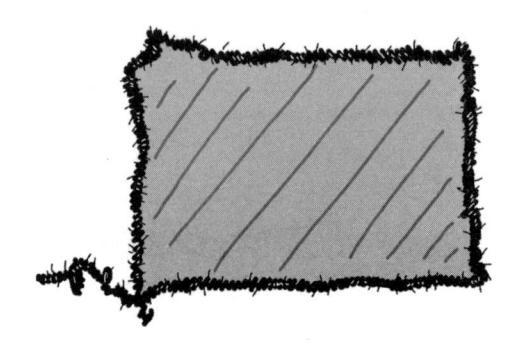

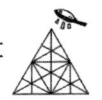

54.运输队有30辆车,按1~30编号顺序横排停在院子里。第一次陆续开走的全部是单号车,以后几次都由余下的第一辆车开始隔一辆开走一辆。请问:到第几次时汽车会全部开走?最后开走的又会是第几号车?

55.甲、乙两个仓库存放大米,甲仓库存90袋,乙仓库存50袋,甲仓库每次运出12袋,乙仓库每次运出4袋。请问:运出几次后,两仓库剩下大米的袋数会相等?

56.甲、乙两队同时开凿一条2160米长的隧道,甲队从一端起,每天开凿20米,乙队从另一端起,每天比甲队多开凿5米。请问:两队会在离中点多远的地方会合?

123

57. 大、小两辆卡车同时载货从甲站出发，大卡车载货的重量是小卡车的3倍。两车行至乙站时，大卡车增加了1400千克货物，小卡车增加了1300千克货物，这时，大卡车的载货量变成小卡车的2倍。你能计算出两车出发时各载货物多少千克吗？

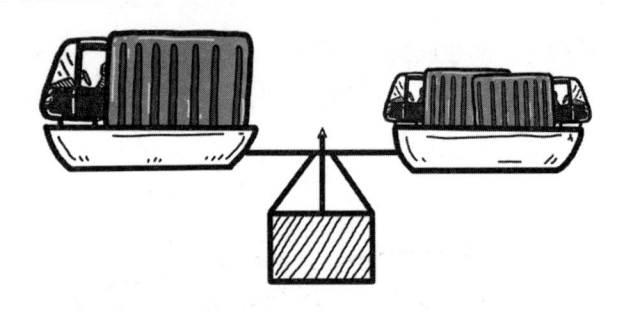

58. 一个工程队分为甲、乙、丙三个组，三个组的人数分别是24人、21人、18人。现在要挖2331米长的水渠，若按人数的比例把任务分配给三个组，每一组应挖多少米？

59. 甲、乙两人同时从环形路的同一点出发，同向环行。甲每分钟走70米，乙每分钟走46米。环形路长300米。他们出发后，在1小时20分里相会几次？到1小时20分时两人的最近距离是多少米？

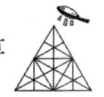

60. 某班45名学生期末考试的成绩如下：语文90分以上的有14人，数学90分以上的有25人，语文和数学都不足90分的有17人。请问：语文、数学都在90分以上的有多少人？

61. 有含盐15%的盐水20千克，要使盐水含盐10%，需要加水多少千克？

62. 用一个杯子向一个空瓶里倒水。如果倒进3杯水，连瓶共重440克；如果倒进5杯水，连瓶共重600克。请问：一杯水和一个空瓶各重多少克？

63.甲、乙二人分别从A、B两地同时出发，相向而行，在离B点18千米的地方相遇。相遇后二人继续往前行，甲到B地和乙到A地后立即返回，在离A地8千米的地方又相遇。请问A、B两地相距多少千米？

64.有一堆苹果，如果平均分给大、小两个班的小朋友，每人可得6个；如果只分给大班，每人可得10个。如果只分给小班，每人可得几个？

65.ABC×D=1673，在这个乘法算式中，A、B、C、D代表不同的数字，ABC是一个三位数。请问ABC是哪个数？

66.有3250个橘子，平均分给一个幼儿园的小朋友，剩下10个。已知每一名小朋友分得的橘子数接近40个。请问这个幼儿园有多少名小朋友？

67. 把15、22、30、35、39、44、52、77、91这9个数平均分成3组，使每组3个数的乘积都相等。这3组数分别是多少？

68. 在等式35×（　）×81×27=7×18×（　）×162的两个括号中，填上适当的最小的数，使得等式成立。

69. 把84名学生分成人数相等的小组（每组最少2人），一共有几种分法？

70. 一个星期天的早晨，母亲对孩子们说："你们是否发现在你们中间，大哥的年龄等于两个弟弟年龄之和？"儿子们齐声回答说："是的，我们的年龄和您年龄的乘积，等于您儿子人数的立方乘以1000加上您儿子人数的平方乘以10。"从这段谈话中，你能否确定母亲在多大时，才生下第二个儿子？

71. 有3根绳子，第一根长45米，第二根长60米，第三根长75米。现在要把3根长绳截成长度相等的小段。每段最长是多少米？一共可以截成多少段？

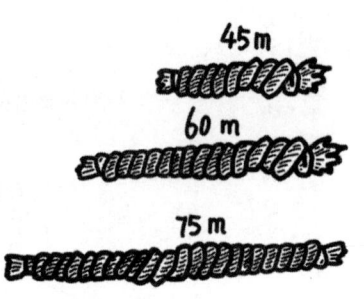

72. 某校有男生234人，女生146人，把男、女生分别分成人数相等的若干组后，男、女生各剩3人。要使组数最少，每组应是多少人？能分成多少组？

73. 某公共汽车站有3条线路通往不同的地方。第一条线路每隔8分钟发一次车；第二条线路每隔10分钟发一次车；第三条线路每隔12分钟发一次车。3条线路的汽车在同一时间发车以后，至少再经过多少分钟又在同一时间发车？

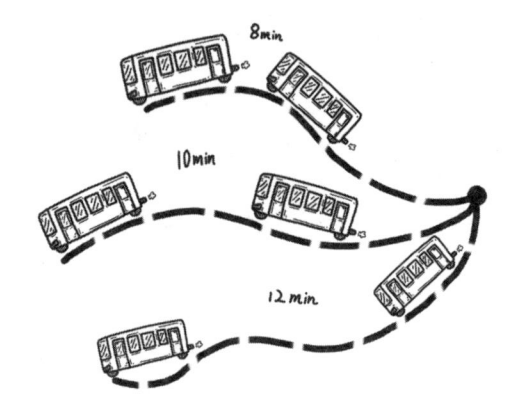

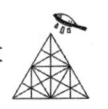

74.有一筐鸡蛋，4个4个地数余2个，5个5个地数余3个，6个6个地数余4个。这筐鸡蛋最少有多少个？

75.一项工程，由甲、乙、丙三人各自单独做分别要用6天、3天、2天完成任务。如果三人合作需要几天完成任务？

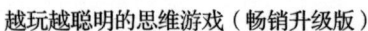

76. 一个水池装有进、出水管各一个。单开进水管10分钟可将空池注满，单开出水管12分钟可将满池水放完。若两管齐开多少分钟可将空池注满？

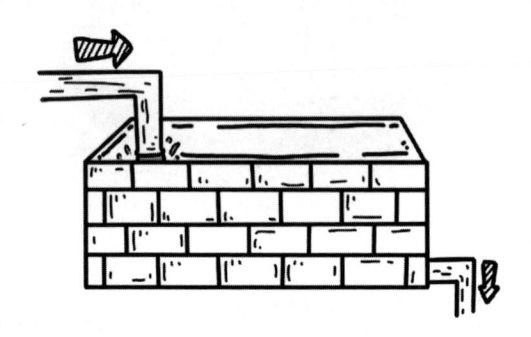

77. 杰克因病在家休假，这期间或上午或下午共下了7次雨，每当下午下雨时，上午就是晴天，杰克回忆了一下所有的上午和下午，发现有5个下午是晴天，6个上午是晴天，你知道杰克究竟休了多少天假吗？

答　案

1.56岁。（每个儿子有7个儿子和7个兄弟。后代总数是：7×8＝56）

2.A＝99×99＝9801cm^2

　B＝78×78＝6084 cm^2

　C＝21×21＝441 cm^2

　D＝77×77＝5929 cm^2

　E＝43×43＝1849 cm^2

　F＝57×57＝3249 cm^2

　G＝34×34＝1156 cm^2

　H＝9×9＝81 cm^2

　I＝16×16＝256 cm^2

　J＝25×25＝625 cm^2

　K＝41×41＝1681 cm^2

3.0。这个序列中必定出现（t−t）＝0，而任何数与0相乘都等于0。

4.1536。前一个数字的前两位×前一个数字的后两位，如87×52＝4524；45×24＝1080等。

5.2，1。a+b+e+f=cd，如7+3+6+8=24。

6.孩子们的年龄分别是2，5，8，11，14，17，20，23，26。父亲乔的年龄：48。

7.这个九位数是381654729。

8.只有16＋16＋17＋17＋17＋17＝100这一种方案。

9.（6＋7＋11）÷3×2＋5－12＝9。

10.琼斯是1973年出生的。

11.答案：圆的面积＝πr^2。

从外圆上某一点做内圆的切线，长度为h。阴影的面积＝外圆面积－内圆面积＝πh^2。

12.11次。

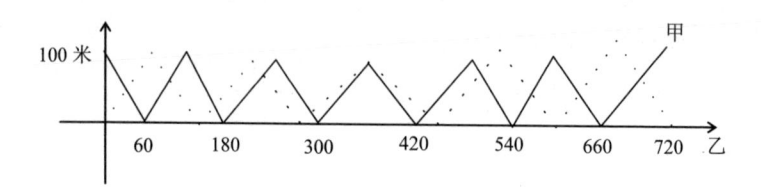

13.30岁、15岁、22岁。设甲、乙、丙的年龄分别为x、y、z，则

$$\begin{cases} x = 2y & ① \\ y = z - 7 & ② \\ x + y + z < 70 且 x+y+z 为质数 & ③ \end{cases}$$

显然$x+y+z$是两位数，而13＝4+9＝5+8＝6+7。

所以只有一种情况成立，即$x+y+z$=67　　④。由①②④三式构成的方程组，得x=30，y=15，z=22。

14.1局。有人胜一局，便有人负一局，已知总负局数为2+3+3＝8，而甲、乙胜局数为4+3＝7，所以丙胜局数为8－7＝1。

15.13张。4种花色相当于4个抽屉，设最少要抽x张扑克，问题相当于把x张扑克放进4个抽屉，至少有4张牌在同一个抽屉，有x=3×4+1＝13，故答案为13。

16.根据题意，如果扑克牌的张数为2、2^2、2^3……2^n，那么依照上述操作方法，最后剩下的一张牌就是这些牌的最后一张，例如：手中只有64张牌，依照上述操作方法，最后只剩下第64张牌。现在手中有108张牌，多出108－64＝44（张），如果依照上述操作方法，先丢掉44张牌，那么此时手中恰有64张牌，而原来顺序的第88张牌恰好

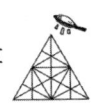

放在手中牌的最底层，这样，再继续进行丢、留的操作，最后剩下的就是原顺序的第88张牌，按照两副扑克牌的花色排列顺序88-54-2-26＝6，所剩的最后一张牌是第二副牌中的方块6。

17. 设放在3个盒子里的球数分别为 x、y、z，相加为7，球无区别，盒子无区别，故可令 $x \geq y \geq 0$，依题意有，于是，$3x \geq 7$，$x \geq 2\frac{1}{3}$，故 x 只能取3、4、5、6、7共5个值。

① $x=3$ 时，$y+z=4$，则 y 只取3、2，相应 z 取1、2，故有2种放法；

② $x=4$ 时，$y+z=3$，则 y 只取3、2，相应 z 取0、1，故有2种放法；

③ $x=5$ 时，$y+z=2$，则 y 只取2、1，相应 z 取1、0，故有2种放法；

④ $x=6$ 时，$y+z=1$，则 y 只取1，相应 z 取0，故有1种放法；

⑤ $x=7$ 时，$y+z=0$，则 y 只取0，相应 z 取0，故有1种放法；

综上所求，所以有8种不同放法。

18. 根据题意，说假话的至少有1人，但不多于1人，所以说假话的1人，说真话的99人。

19. 1+2+3+…+9＝45，故正方形的边长最大为11，而组成的正方形的边长至少有两条线段的和，故边长最小为7。7＝1+6＝2+5＝3+4；8＝1+7＝2+6＝3+5；9+1＝8+2＝7+3＝6+4；9+2＝8+3＝7+4＝6+5；9＝1+8＝2+7＝3+6＝4+5。所以边长为7、8、10、11的正方形各一个，共4个。而边长为9的边能组成5种不同的正方形。所以一共有9种不同的方法组成正方形。

20. 安安能获胜。安安先取2颗糖果，将2000颗糖果留给薇薇取，假设薇薇取 x 颗糖果，安安总跟着取（4-x）颗，这样总保证将4的倍数颗糖果留给薇薇取，如此下去，最后一次是将4颗糖果留给薇薇取，薇薇取后，安安就可以一次取完余下的糖果。

21. 要让过河时间最短，应抓住以下两点：（1）同时过河的两头牛过

河时间差要尽可能小。（2）过河后应骑用时最少的牛回来。所以放牛娃骑在甲牛背上赶乙牛过河后，再骑甲牛返回，用时2+1=3分钟，然后骑在丙牛背上赶丁牛过河后，再骑乙牛返回，用时6+2=8分钟，最后骑在甲牛背上赶乙牛过河，不用返回，用时2分钟。总共用时（2+1）+（6+2）+2=13分钟。

22. 1年前。

23. 妹妹7岁。姐姐14岁。[27-（3×2）]÷（2+1）=7。

24. 大熊猫15岁，小熊猫5岁。（28-4×2）÷（3+1）=5岁。

25. 爸爸的年龄4年前是涛涛的4倍，那么现在的年龄是涛涛的4倍少12岁，（200+2+12+12+2）÷（1+5+5+4+4）=12岁。所以涛涛12岁，妈妈34岁，爸爸36岁，奶奶58岁，爷爷60岁。

26. 一辆车在总站发车，到下一次在这个总站再发车，需要（42+10）×2=104（分钟），104÷8=13（辆）。

27. 10分钟。车队行驶的路程等于检阅场地的长度与车队长度的和。

28. 11个。编号相邻的3个盘中水果共有（100-16）÷3=28个，其中1、4、7、10号盘水果数相等，2、5、8号盘水果数也相等。而2、3号盘水果总数为28-16=12，因为每个盘都盛有水果，所以2号盘最多有11个，即8号盘最多有11个水果。

29. 49元。由题意知，第二天1个玩具小狗的售价等于收回了1.4个玩具小狗的成本。售出133个，等于收回了133×1.4个玩具小狗的成本。且第一天的总利润等于（133×1.4-98）个玩具小狗的成本。所以可以得出，每个玩具小狗的成本是44.1×98÷（133×1.4-98）=49元。

30. 61。规律是：（1）求下一个数的时候，已知的最后一个数应为10进制的；（2）从11开始，按5进制、6进制、7进制……的顺序求下一个数，也就是11的5进制为21，21的6进制为33，33的7进制为45……55的9进制为61。

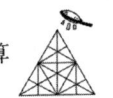

31. 当两艘渡轮在x点相遇时，假设它们距A岸500千米，此时它们走过的距离总和等于河的宽度。当它们双方抵达对岸时，走过的总长度等于河宽的2倍。在返航中，它们在z点相遇，这时两船走过的距离之和等于河宽的3倍，所以每一艘渡轮现在所走的距离应该等于它们第一次相遇时所走的距离的3倍。在两船第一次相遇时，有一艘渡轮走了500千米，所以当它到达z点时，已经走了3倍的距离，即1500千米，这个距离比河的宽度多100千米。所以，河的宽度为1400千米。每艘渡轮的上、下客时间对答案毫无影响。

32. 根据棵数＝全长÷间隔可求出栽丁香花的株数：120÷6＝20（株）。由于是在相邻的2株丁香花之间栽2株月季花，丁香花的株数与丁香花之间的间隔数相等，因此，可栽月季花：2×20＝40（株）。由于2株丁香花之间的2株月季花是紧相邻的，而2株丁香花之间的距离被2株月季花分为3等份，因此紧相邻2株月季花之间距离为：6÷3＝2（米）。综上，可栽丁香花20株，可栽月季花40株，2株紧相邻的月季花之间相距2米。

33. 从时间差考虑，甲、乙两人合打完成与甲单独打完，两者的时间差是15－10＝5天，这说明甲5天的工作量相当于乙10天的工作量。那么，甲15天的工作量，乙要工作：10÷5×15＝30天。

34. 通信员离开队伍时，队伍已离开驻地3千米。通信员的速度等于队伍的2倍（10÷5＝2），通信员返回到驻地时，队伍又前进了（3÷2）千米。这样通信员需追及的距离是（3+3÷2）千米，而速度差是（10－5）千米/小时。根据"距离差÷速度差＝时间"可以求出追及的时间：（3+3÷2）÷（10－5）＝4.5÷5＝0.9（小时）。

35. 这道题的运动路线是环形的。求追上的时间是指快者跑一圈后追上慢者，也就是平时所说的"落一圈"，这一圈相当于在直线上的400米，也就是追及的路程。因此，甲追上乙的时间是：400÷

（350-250）=4分钟。

36.50、30、25三个数的最小公倍数是150。第一道工序至少应分配：150÷50=3人，第二道工序至少应分配：150÷30=5人，第三道工序至少应分配：150÷25=6人。

37.每到整点响一次铃，就是每到60分钟响一次铃。求间隔多长时间后，电子钟既响铃又亮灯，就是求60与9的最小公倍数。60与9的最小公倍数是180，180÷60=3小时。由于是中午12点时既响铃又亮灯，所以下一次既响铃又亮灯是下午3点钟。

38.把5040分解质因数：5040=2×2×2×2×3×3×5×7。由于4个学生的年龄一个比一个大1岁，所以他们的年龄数就是4个连续自然数。用8个质因数表示4个连续自然数是：7，2×2×2，3×3，2×5，即4个学生的年龄分别为7岁、8岁、9岁、10岁。

39.根据购进的蓝墨水是黑墨水的3倍，假设每天卖出的蓝墨水也是黑墨水的3倍，则每天卖出蓝墨水：45×3=135瓶，这样，过些日子当黑墨水卖完时蓝墨水也会卖完。实际上，蓝墨水剩下300瓶，这是因为实际比假设每天卖出的瓶数少：135-120=15瓶，卖的天数：300÷15=20天，购进黑墨水：45×20=900瓶，购进蓝墨水：900×3=2700瓶。

40.这道题可以倒过来叙述：月亮直径是3000千米，月亮直径加上500千米后的2倍等于火星直径，火星直径减去2000千米等于水星直径，水星直径的24倍等于土星直径，土星直径减去4800千米是地球直径的9倍。所以水星直径为：（3000+500）×2-2000=5000千米，土星直径为：5000×24=120000千米，地球直径为：（120000-4800）÷9=12800千米。

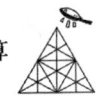

41.可以用下图表示题中的数量关系。

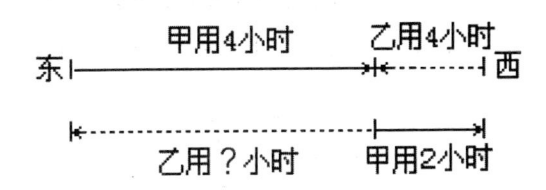

```
          甲用4小时        乙用4小时
   东├──────────┼──────────┤西
      ←─────────────────────→
         乙用?小时      甲用2小时
```

图中，两车相遇点右侧的路程，甲、乙所走的是一样长的。但走这段路，甲用了2小时，乙却用了4小时，也就是说，走同样的路程时，乙用的时间是甲的4÷2=2倍。再看相遇点左侧的路程，甲走这段路程用了4小时，因为走同样长的路程时乙用的时间是甲的2倍，所以，乙由相遇点到达东城的时间是4小时的2倍，4×（4÷2）=8，故乙车再过8小时可以到达东城。

42.摘录题中条件，可排列成下表：

	原价（角）	混合价（角）	损	益	最小公倍数
红辣椒	50	41	9		18
青辣椒	35			6	

要使卖主与买主都不吃亏，就要使红辣椒损失的钱数与青辣椒多收入的钱数一样多。从表中可看出，当红辣椒损失18角，青辣椒多收入18角时，恰好达到要求。因为每500克红辣椒与青辣椒混合时，红辣椒要少卖9角，当损失18角时，则有500×2克红辣椒；同理，青辣椒与红辣椒混合时，每500克青辣椒要多卖6角，要多卖18角，就要有3个500克才行，即500×3克青辣椒。所以，红辣椒与青辣椒混合的比应是：（500×2）：（500×3）=2：3。

43.要求两车从相遇到离开要用几秒钟，必须知道两车从相遇到离开走了多长的路程。为弄清这个问题，我们可以做下面的演示：用一支铅笔做慢车,用另一支铅笔做快车。先让它们相遇,再让它们相对运行到正好离开,两车共行的路程是两个车身长的和。因此,可算出:(151+254)÷(15+12)=15秒,即两车从相遇到离开需要15秒钟。

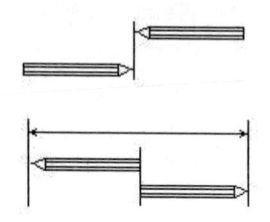

44. 求火车过隧道的时间,必须知道过隧道的速度和所行的路程。速度已知,因此,解此题的关键是求出从火车头进隧道到火车尾部离开隧道所行的路程。为弄清这个问题,我们可以做下面的演示:用文具盒当隧道,用铅笔当火车。

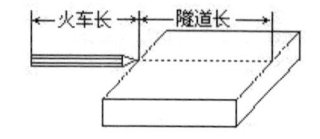

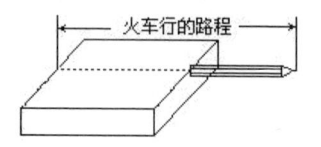

用左图表示火车刚刚要进隧道时的情景,用右图表示火车车尾正好离开隧道时的情景。从图中可看出:火车从车头进隧道,到车尾离开隧道,所行的路程等于隧道长与车身长之和。到此,便可求出火车头从进隧道到车尾离隧道所用的时间。分步列式计算:
(1)火车每秒行:18000÷3600=5米。(2)火车通过隧道共行的米数:150+120=270米。(3)火车通过隧道需时间是:270÷5=54秒。

45. 假设把5个足球换为5个篮球,就可少用钱:8×5=40元,这时可认为一共买来篮球:9+5=14个,买14个篮球共用钱:432-40=392元,篮球的单价是:392÷14=28元,足球的单价是:28+8=36元。

46. 这一串珠子的排列顺序是:一白、一黑、两白,不断出现,也就是

"三个白珠"与"一个黑珠"为一组。这1000个珠子可以分为：1000÷（1+3）=250组。因为每一组中有3个白珠，所以白珠的总数是：3×250=750个。因为每一组最后的那个珠子是白色的，所以第250组最后的一个，也就是第1000个珠子，一定是白色的。

47. 制作图表列举发货方式，可得出答案：不开箱有7种发货方式。

箱 重	5千克	2千克	1千克	方 法
所取的箱数	1	2	0	1
	1	1	2	2
	1	0	4	3
	0	1	7	4
	0	2	5	5
	0	3	3	6
	0	4	1	7

48. （1）数码一共有10个：0、1、2……8、9。0不能用于表示页码，所以页码是一位数的页有9页，用数码9个。（2）页码是两位数的从第10页到第99页。所以，页码是两位数的页有90页，用数码：2×90=180个。（3）还剩下的数码：1890-9-180=1701个。（4）因为页码是三位数的页，每页用3个数码，100页到999页，999-99=900，而剩下的1701个数码除以3时，商不足600，即商小于900。所以页码最高是3位数，不必考虑是4位数了。往下要看1701个数码可以排多少页。1701÷3=567页。（5）这本书的页数：9+90+567=666页。

49. 解这道题的关键是要求出一本书的总页数。因为每天读的页数乘以读的天数等于一本书的总页数，又因为每天读的页数与读完此书的天数相等，所以知道了总页数就可以解题了。根据"用一天读80页的速度，需要5天读完"，是否能够认为总页数就是 80×5=400页呢？不能。因为5天不一定每天都读80页，所以只能理解为：每天读80页，读了4天还有余下的，留到第五天才读完。这也就是说，这本书超过了80×4=320页，最多不会超过：90×4=360页。根据以上分析，可知这本书的页数在321～360页之间。知道总页数在这个范围之内，往下就不难想到什么数自身相乘，积在321～360之间。因为17×17=289，18×18=324，19×19=361，324在321～360之间，所以只有每天读18页才符合题意，18天看完，全书324页。

50. （1）7×（9+12）÷3-2=47；（2）7×9+12÷（3-2）=75；（3）（7×9+12）÷3-2=23；（4）7×[（9+12）÷3-2]=35。分析过程为：本题按原式的计算顺序是先做第二级运算，再做第一级运算，即先做乘除法而后做加减法，结果是：7×9+12÷3-2=63+4-2=65。"加上括号"的目的在于改变原来的计算顺序。由于此题加中括号还是加小括号均未限制，因此解本题的关键在于加写括号的位置。可以从加写一个小括号想起，然后再考虑加写中括号。如：（1）7×7=49，再减2就是47。这里的第一个数7是原算式中的7，要减去的2是原算式等号前的数，所以下面应考虑能否把9+12÷3通过加括号后改成得7的算式。经过加括号，（9+12）÷3=7，因此：7×[（9+12）÷3]-2=47。因为一个数乘以两个数的商，可以用这个数乘以被除数再除以除数，所以本题也可以写成：7×（9+12）÷3-2=47。（2）7×11=77，再减2就得75。这里的7是原算式中的第一个数，要减去的2是等号前面的数。下面要看9+12÷3能不能改写成得11的算式。经尝试9+12÷3不能改写成得11的算式，所以不能沿用上一道题的解法。7×9+12得75，这里的7、9、12就是原式中的前3个数，所以只要把3-2用小括号括起来，使7×9+12之和除以1，问题就可解决。由此得到：（7×9+12）÷（3-2）=75。因为（3-2）的差是1，所以根据"两个数的和除以一个数，可以先把两个加数分别除以这个数，然后把两个商相加"这一运算规则，上面的算式又可以写成：7×9+12÷（3-2）=75，

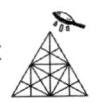

在上面的这个算式中,本应在7×9的后面写上"÷(3-2)",因为任何数除以1等于这个数本身,为了适应题目的要求,不在7×9的后写出"÷(3-2)"。(3)25-2=23,这个算式中,只有2是原算式等号前的数,只要把7×9+12÷3改写成得25的算式,问题就可解决。又因为7×9+12=75,75÷3=25,所以只要把7×9+12用小括号括起来,就得到题中所求了。(7×9+12)÷3-2=23。(4)7×5=35,7是原算式中的第一个数,原算式中的9+12÷3-2能否改写成得5的算式呢?因为7-2=5,要是9+12÷3能改写成得7的算式就好了。经改写为(9+12)÷3=7,因此问题得到解决。题中要求的算式是:7×[(9+12)÷3-2]=35。

51.答案如右图所示。

	9		
2	5	11	
	4	6	8
		1	7	10
			3

52.先找一个接近1986的数,如:8888÷8+888=1999。1999比1986大13。往下要用剩下的7个8经过怎样的运算得出一个等于13的算式呢?88÷8=11,11与13接近,只差2。往下就要看用剩下的4个8经过怎样的运算等于2。8÷8+8÷8=2。把上面的思路组合在一起,得到下面的算式:8888÷8+888-88÷8-8÷8-8÷8=1986。

53.要知道哪种方法所围成的面积最大,应将符合条件的围法一一列举出来,然后加以比较。因为长方形的周长是80cm,所以长与宽的和是40cm,可列表如下:

	1	2	3	4
长	35	30	25	20
宽	5	10	15	20

141

表中，长、宽的数字都是5的倍数。因为题目要求的是哪一种围法的长方形面积最大，第4种围法围出的是正方形，所以第4种围法应舍去。前3种围法的长方形面积分别是：35×5=175cm²、30×10=300cm²、25×15=375cm²。所以当长方形的长是25cm，宽是15cm时，长方形的面积最大。

54.根据题意可列出表格，列举各次哪些车开走：

汽车编号	1、2、3……29、30
第一次开走后剩下的	2、4、6、8、10、12、14、16、18、20、22、24、26、28、30
第二次开走后剩下的	4、8、12、16、20、24、28
第三次开走后剩下的	8、16、24
第四次开走后剩下的	16

从表中可以看出，第三次开走后剩下的是第8号、16号、24号车。按题意，第四次8号、24号车开走。到第五次时汽车全部开走，最后开走的是第16号车。

55.（1）设两仓库中剩余袋数相同，需送 x 次。$90-12x=50-4x$，$x=5$。

（2）90-50为两仓库大米的差，每次运送的差为12-4=8，40÷8=5（次）。

56.用分步列式的方法计算（1）乙队每天开凿多少米？20+5=25米。（2）甲乙两队一天共开凿多少米？20+25=45米。（3）甲乙两队共同开凿这个隧道用多少天？2160÷45=48天。（4）甲队开凿了多少米？20×48=960米。（5）甲队到中点的距离是多少米？2160÷2=1080米。（6）会合点与中点间的距离是多少米？1080-960=120米。

57.出发时，大卡车载货量是小卡车的3倍；到乙站时，小卡车增加了

1300千克货物,要保持大卡车的载货重量仍然是小卡车的3倍,大卡车就应增加1300×3千克。把小卡车增加1300千克货物后的重量看作1份数,大卡车增加1300×3千克货物后的重量就是3份数。而大卡车增加了1400千克货物后的载货量是2份数,这说明3份数与2份数之间相差(1300×3-1400)千克,这是1份数,即小卡车增加1300千克货物后的载货量:1300×3-1400=2500千克。出发时,小卡车的载货量是:2500-1300=1200千克。出发时,大卡车的载货量是:1200×3=3600千克。

58.甲、乙、丙三个组应挖的任务分别是24份数、21份数、18份数,求出1份数后,用乘法便可求出各组应挖的任务。2331÷(24+21+18)=37米。甲组任务为37×24=888米,乙组任务为37×21=777米,丙组任务为37×18=666米。

59.甲、乙二人1分钟的速度差是:70-46=24米。由二人出发到第一次相会所需的时间是:300÷24=12.5分。1小时20分钟即为80分钟。80分钟内包含几个12.5分钟,二人即相会几次。80分钟内包括6个12.5分钟,还多5分钟,即二人相会6次。由于第六次相会后还走5分钟,所以甲乙之间相隔:24×5=120米。此时,甲、乙之间还有一个距离是:300-120=180米。180米>120米,所以到1小时20分钟时,两人的最近距离是120米。

60.语文、数学一门或两门在90分以上的人数是:45-17=28人,只有语文在90分以上的人数是:28-25=3人,只有数学在90分以上的人数是:28-14=14人,所以语文、数学都在90分以上的人数是:28-(14+3)=11人。

61.题中盐的重量是不变的数量,盐的重量是:20×15%=3千克。在盐水含盐10%时,盐的对应比率是10%,因此盐水的重量是:3÷10%=30千克。加入的水的重量是:30-20=10千克。

62.解这道题,要先找出"暗差"的等量关系,再找解题的最佳方法。这道题的"暗差"有两个:一个是5-3=2杯,另一个是600-

440=160克。这里两个暗差的等量关系是：2杯水的重量=160克。这样就能很容易求出一杯水的重量：160÷2=80克。一个空瓶的重量：440-80×3=200克。

63.此题的条件十分隐蔽。借助下图分析问题，可将隐蔽条件转换为明显条件。

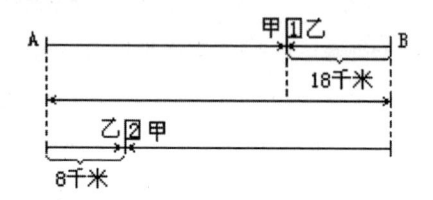

（1）从开始出发到二人第一次相遇，甲、乙共同走完1个全程的路程，其中乙走了18千米。这就是说甲、乙二人共同走完1个全程的路程时乙走18千米，若共同走完3个全程，那么乙就走18×3千米的路程。（2）甲、乙第二次相遇时，二人走了3个全程的路程，而乙走了1个全程加8千米。（3）乙走的1个全程加8千米应等于18×3千米，所以，A、B两地的距离是：18×3-8=46千米。

64.设大班有x人，小班有y人，则6（$x+y$）=10x，$y=2/3x$，10x÷2/3x=15。

65.因为ABC×D=1673，ABC是一个三位数，所以可把1673分解质因数，然后把质因数组合成一个三位数与另一个数相乘的形式，这个三位数就是ABC所代表的数。1673=239×7，所以ABC代表239。

66.3250-10=3240个，把3240分解质因数：3240=$2^3×3^4×5$，接近40的数有36、37、38、39，这些数中36=$2^2×3^2$，所以只有36是3240的约数。3240÷36=90，所以这个幼儿园有90名小朋友。

67.将这9个数分别分解质因数：15=3×5，22=2×11，30=2×3×5，35=5×7，39=3×13，44=2×2×11，52=2×2×13，77=7×11，

$91=7\times13$，观察上面9个数的质因数，不难看出，9个数的质因数中共有6个2，3个3，3个5，3个7，3个11，3个13，这样每组中3个数应包括的质因数有2个2，1个3，1个5，1个7，1个11和1个13。由以上观察分析可得这3组数分别是：15、52和77；22、30和91；35、39和44。

68. 将已知等式的两边分解质因数，得：$5\times3^7\times7\times$（　　）=（　　）$2^2\times3^6\times7\times$（　　），把上面的等式化简，得：$15\times$（　　）=$4\times$（　　），所以，在左边的括号内填4，在右边的括号内填15：$15\times$（4）=$4\times$（15）。

69. 把84分解质因数：$84=2\times2\times3\times7$，除了1和84外，84的约数有：2，3，7，$2\times2=4$，$2\times3=6$，$2\times7=14$，$3\times7=21$，$2\times2\times3=12$，$2\times2\times7=28$，$2\times3\times7=42$。下面可根据不同的约数进行分组。$84\div2=42$（组），$84\div3=28$（组），$84\div4=21$（组），$84\div6=14$（组），$84\div7=12$（组），$84\div12=7$（组），$84\div14=6$（组），$84\div21=4$（组），$84\div28=3$（组），$84\div42=2$（组）。因此每组2人分42组；每组3人分28组；每组4人分21组；每组6人分14组；每组7人分12组；每组12人分7组；每组14人分6组；每组21人分4组；每组28人分3组；每组42人分2组。一共有10种分法。

70. 由题意可知，母亲有3个儿子。母亲的年龄与3个儿子年龄的乘积等于：$3^3\times1000+3^2\times10=27090$，把27090分解质因数：$27090=43\times7\times5\times3^2\times2$。根据"大哥的年龄等于两个弟弟年龄之和"，重新组合上面的质因式得：$43\times14\times9\times5$，这个质因式中14就是9与5之和。所以母亲43岁，大儿子14岁，二儿子9岁，小儿子5岁。$43-9=34$，母亲是在34岁时生下第二个儿子的。

71. 这道题实际是求3条绳子长度的最大公约数。45、60和75的最大公约数是15，即每一小段绳子最长15米。因为3段绳子长度分别除以15后的商是3、4、5，所以在把绳子截成15米这么长时，45米长的绳子可以截成3段，60米长的绳子可以截成4段，75米长的绳子可以截成5段。所以一共可以截成：3+4+5=12段。

72. 因为男、女生各剩3人，所以进入各组的男、女生的人数分别是：234-3=231人、146-3=143人。要使组数最少，每一组的人数应当是最多的，即每一组的人数应当是231人和143人的最大公约数。231、143的最大公约数是11，即每一组是11人。因为231、143除以11时，商是21和13，所以男生可以分为21组，女生可以分为13组。一共分21+13=34组。

73. 求3条线路的汽车在同一时间发车以后，至少再经过多少分钟又在同一时间发车，就是要求出3条线路汽车发车时间间隔的最小公倍数，即8、10、12的最小公倍数，所以至少经过120分钟又在同一时间发车。

74. 从题中的已知条件可以看出：不论是4个4个地数，还是5个5个地数、6个6个地数，筐中的鸡蛋数都是只差2个就正好是能被4、5、6整除的数。因为要求这筐鸡蛋最少是多少个，所以求出4、5、6的最小公倍数后再减去2，就得到鸡蛋的个数。4、5、6的最小公倍数是60。60-2=58，这筐鸡蛋最少有58个。

75. 甲、乙、丙三人各自单独做分别要用6天、3天、2天完成任务，就是甲、乙、丙三人每一天分别完成这项工程的1/6、1/3、1/2。1中含有多少个（1/6+1/3+1/2)，三人合作就用多少天完成这项工程。所以答案计算出来为1天。

76. 把注满全池水所用的时间看作10×12份，当进水管进12份的水量时，出水管可放出10份的水量，进出水相差的水量是：12-10=2份。所以两管齐开注满水池所用的时间是：10×12÷2=60分钟。

77. 根据"或上午或下午共下了7次雨"已知下雨的天数，再求出不下雨的天数，就可以求出一共的天数为9天。

Chapter4

烧脑数独

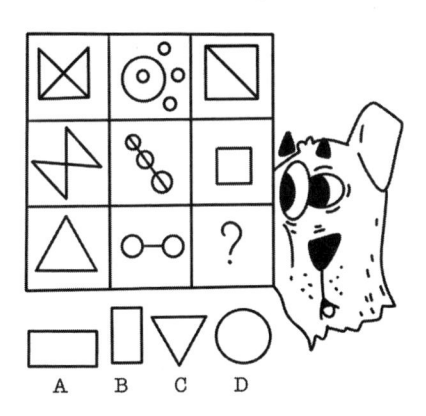

数独带来的思考乐趣实在是单纯而巧妙，不过就是用到1到9九个数字而已，通过提供不同的已知数、设置不同的规则，数独就能变化无穷的题目，激发丰富的想象力。

数独部分共包括四种常见的数独类型，分别是标准数独、对角线数独、杀手数独和锯齿数独。

标准数独（题目1-28），填入数字1~9，使得每行、每列、每宫内的数字都是1~9不重复（题目29-36）。对角线数独，在标准数独基础上，对角线上的数字也是1~9不重复。杀手数独（题目37-47），在标准数独基础上，每个虚线框内的数字不重复，框内角标是框内数字的和。锯齿数独（题目48-59），在标准数独基础上，宫变成了锯齿状的。

001

				6		3		8
	3	6						
	2			4		6		
6					5			4
	8		1		9		6	
9			6					5
		8		2			1	
						9	3	
3		4		1				

002

3	5							
4		9	5		1			
	8		2	9				
	9	4					5	
		3		4		9		
	1					6	3	
				3	8		9	
				9		4	3		7
							8	2

003

	5	2		9			1	
		1	4		6		3	
							5	
4		7			9			
2								9
			6			7		8
	4							
	7		3		5	6		
	2			8		5	9	

004

				6	2	3		4
	2			4	5			
		6				5		8
					4		3	7
2	3						4	6
9	1		3					
1		2				6		
				2	5		1	
3		5	6	8				

Chapter4 烧脑数独

005

				5				
	8		7		9		2	
		3				6		
4			6		3			7
		6				2		
3			4		8			9
		1				9		
	9		3		1		7	
				4				

006

	4		2		1			
7					3	2		
						6	3	
2				3			7	8
			1	5	8			
5	8			6				9
	6	9						
		2	9					3
			3		6		5	

007

			7	5	6			
5	1						6	3
		6				5		
2			8		4			6
8								7
7			2		9			4
		4				2		
1	3						4	9
			4	3	8			

008

2		8		7				
				8			9	6
6		3		5				
				5		9	3	
	2						6	
	1	4		3				
			2			6		5
4	8		5					
			1			7		3

Chapter4 烧脑数独

009

	4		9	3				
		6				7		4
	5			4				8
9		3			2			7
				7		6		
7				3		1		2
5				7			8	
3		2				5		
				5	3		2	

010

			8		2		3	
		9						
1		2		6				
	2						1	5
5			6		1			4
7	3						9	
				3		1		7
						5		
		7		4		6		

153

011

	5		6				4	
				8	2		1	
					4		7	5
		2				3		7
7				9			1	
		4	9		6			
		7			5	9		
		5					6		9

012

				9	1		7	
4	7	1						
		9					5	
3			2	4		1		
7					5			2
				8		3	6		4
	1						9	
							4	2	1
				5		9	4		

Chapter4 烧脑数独

013

	1	3		8		4		
8		9				3		6
	3			1			2	
3								4
	2		7		3		9	
9								8
	9			3			7	
2		3				4		1
	5		2		6		8	

014

8	1		9				5	
4						8	7	9
					6		1	
6				2		4		
			6		3			
		5		1				6
	5		1					
1	6	8						5
	2				5		8	3

015

	9		7	4		1		
						3		4
6	8				3			
		3		5				7
9				6		1		3
4				3		5		
			1				4	6
8		6						
		7		6	9		5	

016

	1	9					3	
7						5		9
2				3	6		8	
				6		8		
		6	7		8	1		
		1		5				
	9		3	1				7
3		5						2
	4					3	9	

017

4	1		6					
				1	5		4	
		3			4			7
						8		4
8	9						6	2
		6		5				
9					2		8	
		2			8	5		
						6		3	9

018

3		4					8	
				9	3			
5	2			8			4	
		3		1		8		2
				2		6		
2		7		9		5		
	3				2		6	8
				6	9			
	6					1		5

157

019

		6	3				
			5				9
1	8	4				5	
	4				6		7
			9		1		
9			4				2
		8				4	7	9
	7				8		
					3	6	

020

	4		7			1		
9		2					4	
				3	8			
5			8					1
		1		9		8		
8					4			7
			9	7				
		5				9		3
		3			1		8	

021

5	9				2			
				4		5		
		3				2		4
		3		9	7			
	7						5	
			6	1		8		
8		7					9	
		6			4			
			1				2	7

022

6	2							8
			1	4	5			
5							9	4
	9	2		6				
			5		1			
				9		8	4	
1	8							3
			4	1	7			
9							2	5

023

			1		4			
			5		3	1		
8	1		7					
	6		9		4	7	1	
4								8
	9	3	1		5		6	
					6		3	2
		9	8		1			
		5		9				

024

1							9	
			8		1			
6		5						1
	8			7	9		2	
		7				6		
	4		3	2			1	
8						3		2
				2		5		
	3							4

Chapter4　烧脑数独

025

	1	5		9		3		
4		3				7		9
	8			4			5	
8			6		1			7
		1				3		
3			4		2			1
	6			2			9	
5		7				8		2
	2		8		5		7	

026

		7	6					
				4		1		2
8			1			9		
	8			5			9	
	3		4		6		2	
	2			8			6	
		2			1			3
5		3		7				
					2	6		

161

027

			8	3	9			
				4			7	
	3	4					8	
6	9		1					8
1		8				9		4
3					5		1	6
		3				1	9	
		1			6			
			7	1	8			

028

1					2		5	
						4	6	8
		5		4			2	
			2		7			5
		7				9		
3			8		4			
	7			6		5		
9	3	2						
	4		9					3

029

		4			7		
8		4						
9			3					
				8		2	5	
			5		1			
	6	8		7				
					9			3
						9		2
		1			3			

030

		6				8	9	
8			4		6			
3			7					6
	5			6		2	1	
			1		7			
	6	8		4			7	
5					4			9
				5		3		2
	3	2				5		

031

	7					1		
				5			9	7
1	8		7	9				
						2	8	
		1				5		
	6	8						
				1	4		7	9
8		7			2			
		6					3	

032

	4				2		1	
		1					5	2
	2				3			
8				9		1		3
				6		8		
9		4		1				6
				3			8	
2		3				4		
		9		5			3	

Chapter4 烧脑数独

033

1	4					5		9
			2	5	1			
7			9		4			1
	3	6				1	9	
	8						3	
	7	2				6	8	
3			1		8			6
			7	9	6			
6		7				9		8

034

	8	1					3	
			3	7				9
			5				6	
				9		5		6
			2		8			
4		9		6				
	4				3			
8				4	2			
		1				9	4	

035

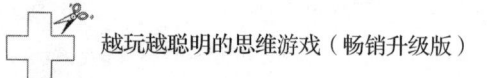

	9	7		6		4		
8								2
			2		5			
6		4		5		2		3
			3		1			
1		9		2		8		6
			5		4			
4								9
	1		8		9		2	

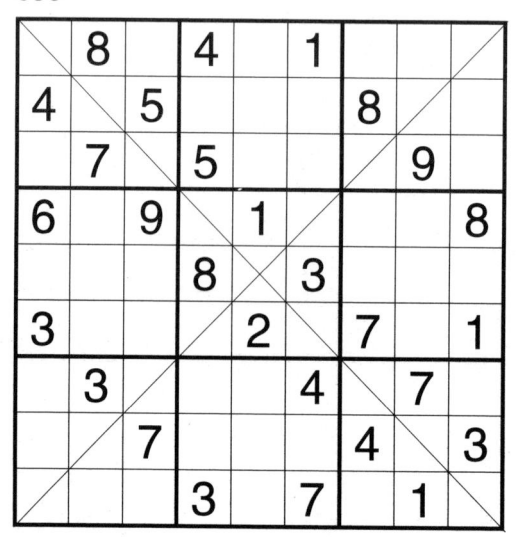

036

	8		4		1			
4		5				8		
	7		5				9	
6		9		1				8
				8		3		
3				2		7		1
	3				4		7	
		7				4		3
			3		7		1	

Chapter4 烧脑数独

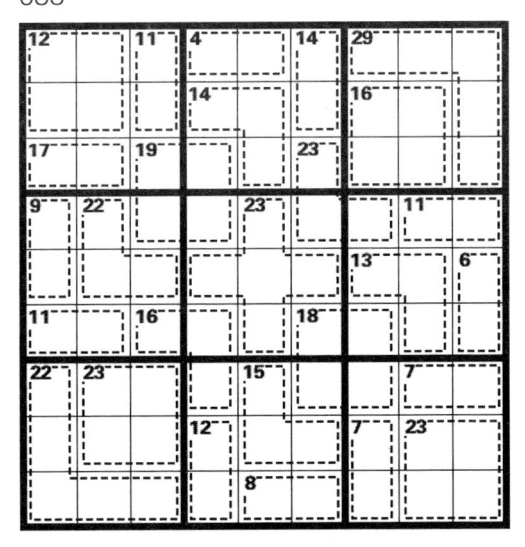

037

038

039

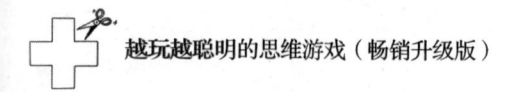

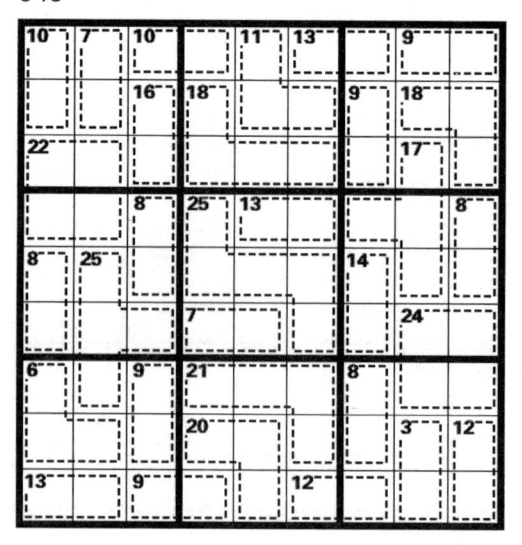

040

041

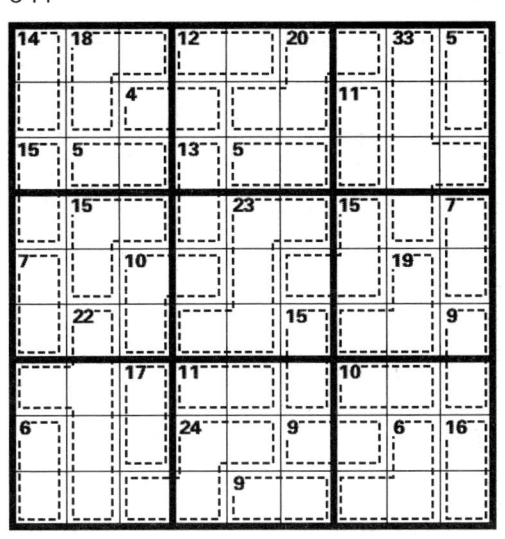

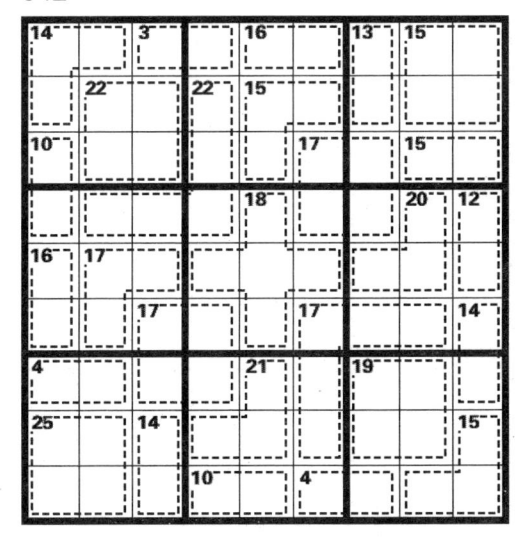

042

043

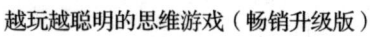

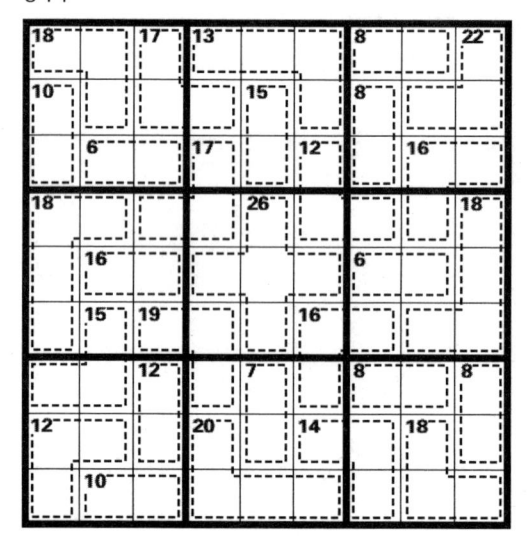

044

Chapter4 烧脑数独

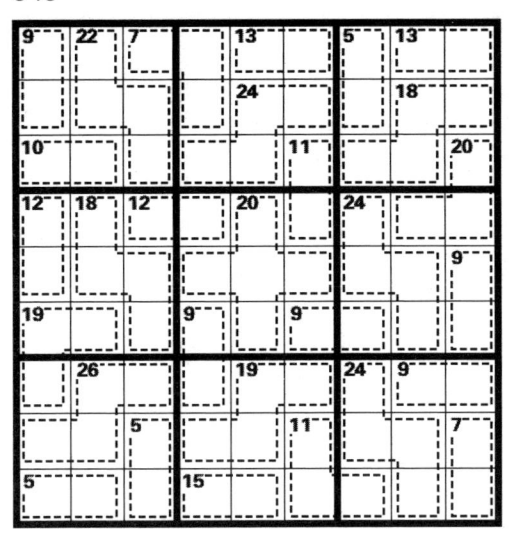

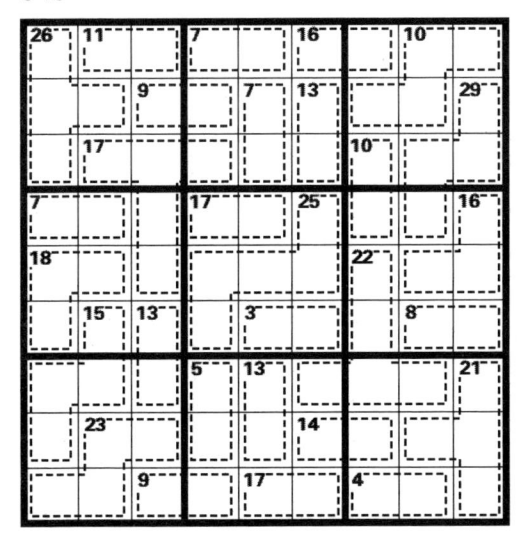

045

046

047

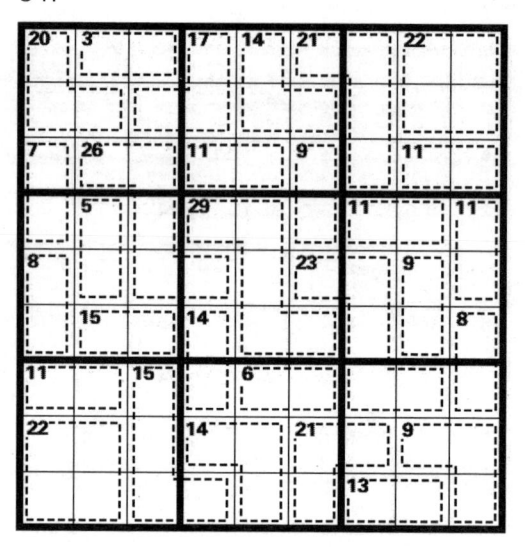

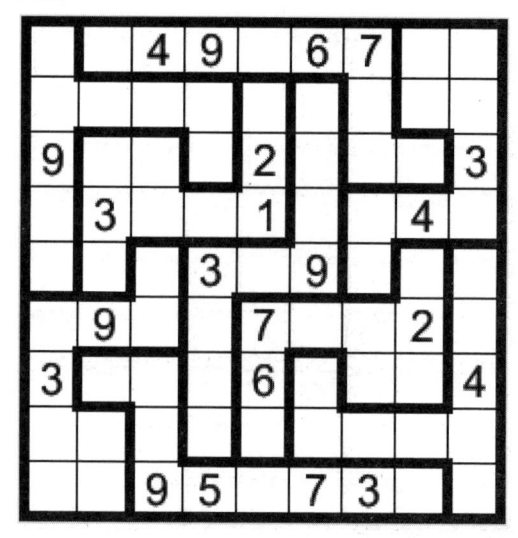

048

049

050

051

052

Chapter4 烧脑数独

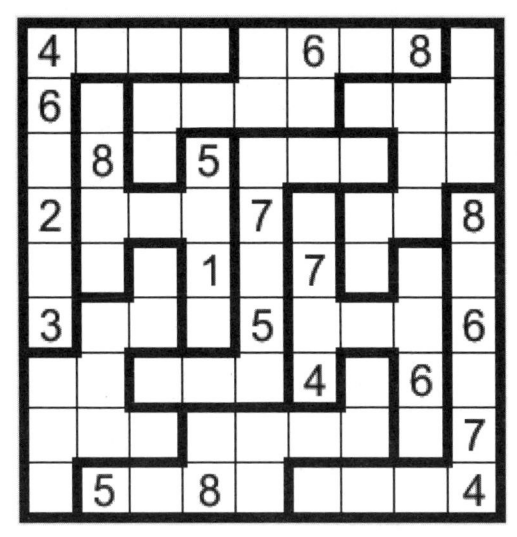

053

054

055

056

057

058

059

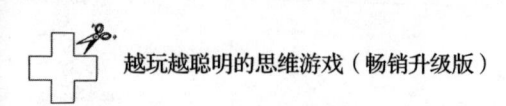

Chapter4 烧脑数独

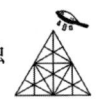

001

1	4	9	5	6	7	3	2	8
5	3	6	8	9	2	7	4	1
8	2	7	3	4	1	6	5	9
6	7	3	2	8	5	1	9	4
4	8	5	1	7	9	2	6	3
9	1	2	6	3	4	8	7	5
7	5	8	9	2	3	4	1	6
2	6	1	4	5	8	9	3	7
3	9	4	7	1	6	5	8	2

002

3	5	1	4	8	7	2	6	9
4	2	9	5	6	1	8	7	3
7	8	6	2	9	3	1	4	5
6	9	4	3	1	2	7	5	8
8	7	3	6	4	5	9	2	1
2	1	5	8	7	9	6	3	4
1	4	2	7	3	8	5	9	6
5	6	8	9	2	4	3	1	7
9	3	7	1	5	6	4	8	2

003

3	5	2	8	9	7	4	1	6
7	9	1	4	5	6	8	3	2
8	6	4	1	3	2	9	5	7
4	8	7	2	1	9	3	6	5
2	3	6	5	7	8	1	4	9
9	1	5	6	4	3	7	2	8
5	4	8	9	6	1	2	7	3
1	7	9	3	2	5	6	8	4
6	2	3	7	8	4	5	9	1

004

7	5	1	8	6	2	3	9	4
8	2	3	9	4	5	7	6	1
4	9	6	7	1	3	5	2	8
5	6	8	1	2	4	9	3	7
2	3	7	5	9	8	1	4	6
9	1	4	3	7	6	8	5	2
1	7	2	4	3	9	6	8	5
6	8	9	2	5	7	4	1	3
3	4	5	6	8	1	2	7	9

005

9	4	2	1	5	6	7	8	3
6	8	5	7	3	9	4	2	1
1	7	3	2	8	4	6	9	5
4	2	9	6	1	3	8	5	7
8	1	6	5	9	7	2	3	4
3	5	7	4	2	8	1	6	9
5	3	1	8	7	2	9	4	6
2	9	4	3	6	1	5	7	8
7	6	8	9	4	5	3	1	2

006

6	4	3	2	8	1	7	9	5
7	9	5	6	4	3	2	8	1
8	2	1	5	9	7	6	3	4
2	1	6	4	3	9	5	7	8
9	3	7	1	5	8	4	2	6
5	8	4	7	6	2	3	1	9
3	6	9	8	2	5	1	4	7
1	5	2	9	7	4	8	6	3
4	7	8	3	1	6	9	5	2

007

3	2	9	7	5	6	4	1	8
5	1	8	9	4	2	7	6	3
4	7	6	3	8	1	5	9	2
2	9	3	8	7	4	1	5	6
8	4	1	5	6	3	9	2	7
7	6	5	2	1	9	3	8	4
6	8	4	1	9	7	2	3	5
1	3	7	6	2	5	8	4	9
9	5	2	4	3	8	6	7	1

008

2	9	8	6	1	7	3	5	4
7	5	1	3	4	8	2	9	6
6	4	3	9	2	5	8	1	7
8	7	6	4	5	2	9	3	1
3	2	5	7	9	1	4	6	8
9	1	4	8	3	6	5	7	2
1	3	9	2	7	4	6	8	5
4	8	7	5	6	3	1	2	9
5	6	2	1	8	9	7	4	3

009

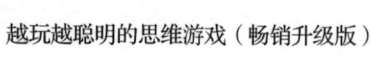

8	4	7	9	3	1	2	5	6
1	3	6	8	2	5	7	9	4
2	5	9	6	4	7	3	1	8
9	6	3	5	1	2	8	4	7
4	2	1	7	8	6	9	3	5
7	8	5	3	9	4	1	6	2
5	1	4	2	7	9	6	8	3
3	9	2	4	6	8	5	7	1
6	7	8	1	5	3	4	2	9

010

6	5	7	8	9	2	4	3	1
3	4	9	1	5	7	2	6	8
1	8	2	3	6	4	7	5	9
4	2	6	9	7	3	8	1	5
5	9	8	6	2	1	3	7	4
7	3	1	5	4	8	6	9	2
9	6	4	2	3	5	1	8	7
2	1	3	7	8	9	5	4	6
8	7	5	4	1	6	9	2	3

011

5	2	6	7	9	1	3	4	8
4	3	7	8	2	5	9	1	6
1	9	8	3	4	6	7	5	2
9	8	2	5	1	3	4	6	7
3	1	4	6	7	2	8	9	5
7	6	5	9	8	4	1	2	3
8	4	9	2	6	7	5	3	1
6	7	3	1	5	9	2	8	4
2	5	1	4	3	8	6	7	9

012

5	8	6	9	1	2	7	4	3
4	7	1	3	8	5	2	6	9
2	9	3	7	4	6	1	5	8
3	6	2	4	7	1	9	8	5
7	4	8	6	5	9	3	1	2
1	5	9	8	2	3	6	7	4
8	1	4	2	3	7	5	9	6
9	3	7	5	6	8	4	2	1
6	2	5	1	9	4	8	3	7

013

7	1	2	3	6	8	5	4	9
8	4	9	5	7	2	3	1	6
5	3	6	4	1	9	8	2	7
3	8	5	9	2	1	7	6	4
6	2	4	7	8	3	1	9	5
9	7	1	6	5	4	2	3	8
4	9	8	1	3	5	6	7	2
2	6	3	8	9	7	4	5	1
1	5	7	2	4	6	9	8	3

014

8	1	7	9	3	4	6	5	2
4	3	6	2	5	1	8	7	9
5	9	2	7	8	6	3	1	4
6	8	3	5	2	7	4	9	1
9	7	1	6	4	3	5	2	8
2	4	5	8	1	9	7	3	6
3	5	4	1	9	8	2	6	7
1	6	8	3	7	2	9	4	5
7	2	9	4	6	5	1	8	3

015

3	9	2	7	4	5	1	6	8
7	5	1	8	9	6	3	2	4
6	8	4	2	1	3	9	7	5
1	2	3	4	5	8	6	9	7
9	7	5	6	2	1	4	8	3
4	6	8	9	3	7	5	1	2
5	3	9	1	8	2	7	4	6
8	1	6	5	7	4	2	3	9
2	4	7	3	6	9	8	5	1

016

6	1	9	5	8	7	2	3	4
7	3	8	1	4	2	5	6	9
2	5	4	9	3	6	7	8	1
9	7	3	4	6	1	8	2	5
5	2	6	7	9	8	1	4	3
4	8	1	2	5	3	9	7	6
8	9	2	3	1	4	6	5	7
3	6	5	8	7	9	4	1	2
1	4	7	6	2	5	3	9	8

Chapter4　烧脑数独

017

4	1	5	6	9	7	3	2	8
7	2	8	1	5	3	4	9	6
6	3	9	8	4	2	1	5	7
1	5	7	2	6	8	9	4	3
8	9	3	7	1	4	5	6	2
2	6	4	5	3	9	8	7	1
9	4	6	3	2	1	7	8	5
3	7	2	9	8	5	6	1	4
5	8	1	4	7	6	2	3	9

018

3	1	4	6	2	5	7	8	9
8	7	6	9	3	4	2	5	1
5	2	9	8	7	1	6	4	3
6	4	3	5	1	7	8	9	2
1	9	5	2	8	6	4	3	7
2	8	7	4	9	3	5	1	6
4	3	1	7	5	2	9	6	8
7	5	8	1	6	9	3	2	4
9	6	2	3	4	8	1	7	5

019

5	9	6	3	1	2	7	4	8
7	3	2	5	8	4	1	9	6
1	8	4	6	7	9	5	3	2
2	4	3	8	5	6	9	1	7
8	5	7	9	2	1	3	6	4
9	6	1	4	3	7	8	2	5
3	1	8	2	6	5	4	7	9
6	7	9	1	4	8	2	5	3
4	2	5	7	9	3	6	8	1

020

6	4	8	7	2	9	1	3	5
9	3	2	1	5	6	4	7	8
1	5	7	4	3	8	6	2	9
5	2	4	8	6	7	3	9	1
3	7	1	2	9	5	8	6	4
8	6	9	3	1	4	2	5	7
4	8	6	9	7	3	5	1	2
7	1	5	6	8	2	9	4	3
2	9	3	5	4	1	7	8	6

021

5	9	4	8	6	2	7	3	1
7	6	2	4	3	1	5	8	9
1	3	8	9	7	5	2	6	4
2	8	3	5	9	7	1	4	6
6	7	1	2	4	8	9	5	3
4	5	9	6	1	3	8	7	2
8	1	7	3	2	6	4	9	5
9	2	6	7	5	4	3	1	8
3	4	5	1	8	9	6	2	7

022

6	2	4	7	3	9	5	1	8
8	3	9	1	4	5	2	6	7
5	7	1	6	2	8	3	9	4
3	9	2	8	6	4	7	5	1
4	6	8	5	7	1	9	3	2
7	1	5	2	9	3	8	4	6
1	8	6	9	5	2	4	7	3
2	5	3	4	1	7	6	8	9
9	4	7	3	8	6	1	2	5

023

5	3	6	2	1	8	4	7	9
9	7	2	5	4	3	1	8	6
8	1	4	7	6	9	5	2	3
2	6	8	9	3	4	7	1	5
4	5	1	6	7	2	3	9	8
7	9	3	1	8	5	2	6	4
1	8	7	4	5	6	9	3	2
3	4	9	8	2	1	6	5	7
6	2	5	3	9	7	8	4	1

024

1	7	8	4	6	2	5	9	3
4	9	3	8	5	1	2	7	6
6	2	5	7	9	3	8	4	1
3	8	6	1	7	9	4	2	5
2	1	7	5	8	4	6	3	9
5	4	9	3	2	6	7	1	8
8	5	1	9	4	7	3	6	2
9	6	4	2	3	5	1	8	7
7	3	2	6	1	8	9	5	4

025

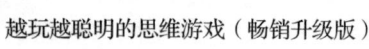

6	1	2	5	7	9	4	3	8
4	5	3	1	8	6	7	2	9
7	8	9	2	4	3	1	5	6
8	9	5	6	3	1	2	4	7
2	4	1	7	9	8	3	6	5
3	7	6	4	5	2	9	8	1
1	6	8	3	2	7	5	9	4
5	3	7	9	6	4	8	1	2
9	2	4	8	1	5	6	7	3

026

2	1	7	6	9	8	4	3	5
3	9	6	7	4	5	1	8	2
8	5	4	1	2	3	9	7	6
6	8	1	2	5	7	3	9	4
7	3	9	4	1	6	5	2	8
4	2	5	3	8	9	7	6	1
9	7	2	5	6	1	8	4	3
5	6	3	8	7	4	2	1	9
1	4	8	9	3	2	6	5	7

027

7	1	6	8	3	9	4	2	5
2	8	9	5	6	4	7	3	1
5	3	4	2	7	1	8	6	9
6	9	2	1	4	7	3	5	8
1	5	8	6	2	3	9	7	4
3	4	7	9	8	5	2	1	6
8	6	3	4	5	2	1	9	7
4	7	1	3	9	6	5	8	2
9	2	5	7	1	8	6	4	3

028

1	8	4	6	7	2	3	5	9
7	2	3	5	1	9	4	6	8
6	9	5	3	4	8	7	2	1
4	1	8	2	9	7	6	3	5
2	5	7	1	3	6	9	8	4
3	6	9	8	5	4	2	1	7
8	7	1	4	6	3	5	9	2
9	3	2	7	8	5	1	4	6
5	4	6	9	2	1	8	7	3

029

6	3	5	4	9	8	7	2	1
8	7	4	1	5	2	3	9	6
9	1	2	3	6	7	5	8	4
1	4	3	9	8	6	2	5	7
7	2	9	5	3	1	4	6	8
5	6	8	2	7	4	1	3	9
2	5	7	6	1	9	8	4	3
3	8	6	7	4	5	9	1	2
4	9	1	8	2	3	6	7	5

030

4	7	6	2	3	5	8	9	1
8	9	5	4	1	6	7	2	3
3	2	1	7	9	8	4	5	6
7	5	3	8	6	9	2	1	4
2	4	9	1	5	7	6	3	8
1	6	8	3	4	2	9	7	5
5	1	7	6	2	4	3	8	9
9	8	4	5	7	3	1	6	2
6	3	2	9	8	1	5	4	7

031

6	7	9	2	4	3	1	5	8
2	3	4	5	8	1	9	6	7
1	8	5	7	9	6	3	2	4
7	9	3	4	6	5	2	8	1
4	2	1	3	7	8	5	9	6
5	6	8	1	2	9	7	4	3
3	5	2	6	1	4	8	7	9
8	4	7	9	3	2	6	1	5
9	1	6	8	5	7	4	3	2

032

7	4	6	9	5	2	3	1	8
3	8	1	7	6	4	5	9	2
5	2	9	1	8	3	6	4	7
8	6	2	4	9	7	1	5	3
1	5	7	6	3	8	9	2	4
9	3	4	2	1	5	8	7	6
6	7	5	3	4	1	2	8	9
2	1	3	8	7	9	4	6	5
4	9	8	5	2	6	7	3	1

Chapter4 烧脑数独

033

1	2	4	8	3	7	5	6	9
8	6	9	2	5	1	7	4	3
7	5	3	9	6	4	8	2	1
5	3	6	4	8	2	1	9	7
9	8	1	6	7	5	4	3	2
4	7	2	3	1	9	6	8	5
3	9	5	1	4	8	2	7	6
2	1	8	7	9	6	3	5	4
6	4	7	5	2	3	9	1	8

034

9	8	1	6	2	4	7	3	5
5	6	4	3	7	1	2	8	9
3	7	2	5	8	9	4	6	1
1	3	8	4	9	7	5	2	6
6	5	7	2	3	8	1	9	4
4	2	9	1	6	5	3	7	8
7	4	6	9	1	3	8	5	2
8	9	5	7	4	2	6	1	3
2	1	3	8	5	6	9	4	7

035

2	9	3	7	8	6	5	4	1
8	4	5	1	9	3	6	7	2
7	6	1	2	4	5	9	3	8
6	7	4	9	5	8	2	1	3
5	2	8	3	6	1	7	9	4
1	3	9	4	2	7	8	5	6
9	8	2	5	1	4	3	6	7
4	5	7	6	3	2	1	8	9
3	1	6	8	7	9	4	2	5

036

9	8	6	4	3	1	2	5	7
4	1	5	2	7	9	8	3	6
2	7	3	5	6	8	1	9	4
6	4	9	7	1	5	3	2	8
7	2	1	8	4	3	9	6	5
3	5	8	9	2	6	7	4	1
1	3	2	6	8	4	5	7	9
5	6	7	1	9	2	4	8	3
8	9	4	3	5	7	6	1	2

037

1	2	4	6	9	5	7	8	3
9	7	5	8	1	3	2	6	4
8	6	3	2	7	4	5	1	9
4	1	9	7	2	6	3	5	8
7	5	6	3	4	8	9	2	1
3	8	2	9	5	1	4	7	6
2	3	1	4	8	7	6	9	5
6	9	8	5	3	2	1	4	7
5	4	7	1	6	9	8	3	2

038

2	6	7	3	1	9	5	4	8
1	3	4	2	8	5	7	6	9
8	9	5	7	4	6	1	2	3
3	5	1	6	2	8	9	7	4
9	8	6	1	7	4	2	3	5
7	4	2	5	9	3	6	8	1
4	1	3	8	5	2	7	9	6
6	2	9	4	3	7	8	1	5
5	1	3	9	6	2	4	9	7

039

2	3	4	8	5	7	9	1	6
9	5	6	2	4	1	7	8	3
7	1	8	9	3	6	2	4	5
6	2	1	7	8	4	3	5	9
5	7	9	3	1	2	8	6	4
4	8	3	6	9	5	1	7	2
1	4	7	1	6	9	5	2	8
8	6	2	5	7	3	4	9	1
3	9	5	4	2	8	6	3	7

040

6	5	3	7	2	9	4	8	1
4	2	9	5	1	8	7	3	6
8	1	7	3	6	4	9	5	2
9	4	6	2	8	5	1	7	3
3	8	2	9	7	1	6	4	5
5	7	1	4	3	6	8	9	2
1	9	5	8	4	2	3	6	7
2	3	4	6	9	7	5	1	8
7	6	8	1	5	3	9	2	4

041

9	8	6	5	7	2	1	4	3
5	4	1	3	8	9	6	7	2
7	3	2	6	1	4	5	9	8
8	2	4	7	9	6	3	5	1
1	9	3	2	4	5	7	8	6
6	7	5	1	3	8	9	2	4
3	1	8	9	2	7	4	6	5
2	6	9	4	5	1	8	3	7
4	5	7	8	6	3	2	1	9

042

6	5	1	2	7	9	8	4	3
3	2	9	4	6	8	5	7	1
8	4	7	3	1	5	2	6	9
2	1	9	8	6	4	3	7	5
7	6	3	1	4	2	9	8	5
9	8	4	5	3	7	1	2	6
1	3	2	6	9	4	7	5	8
4	9	8	7	5	3	6	1	2
5	7	6	8	2	1	3	9	4

043

9	8	4	7	6	1	3	2	5
3	5	7	8	9	2	6	1	4
2	6	1	3	4	5	9	8	7
8	4	6	9	3	7	2	5	1
5	9	3	2	1	4	8	7	6
7	1	2	6	5	8	4	9	3
4	2	9	5	7	6	1	3	8
6	3	5	1	8	9	7	4	2
1	7	8	4	2	3	5	6	9

044

7	8	9	1	3	4	6	2	5
4	3	2	6	7	5	1	8	9
6	1	5	9	8	2	7	3	4
8	5	1	7	2	6	4	9	3
2	9	7	3	4	8	5	1	6
3	4	6	5	9	1	8	7	2
9	2	4	8	6	7	3	5	1
5	6	8	2	1	3	9	4	7
1	7	3	4	5	9	2	6	8

045

3	9	4	1	6	7	2	8	5
6	5	1	2	8	9	3	4	7
2	8	7	3	4	5	6	1	9
4	2	5	7	1	6	9	3	8
8	1	6	9	5	3	7	2	4
7	3	9	4	2	8	1	6	5
9	6	8	5	3	1	4	7	2
5	7	2	6	9	4	8	5	1
1	4	3	8	7	2	5	9	6

046

6	3	8	5	2	9	7	1	4
7	9	1	8	4	6	3	2	5
4	5	2	1	3	7	6	8	9
5	2	6	9	8	3	4	7	1
8	1	3	7	5	4	2	9	6
9	7	4	6	1	2	8	5	3
3	4	9	2	7	1	5	6	8
1	8	7	3	6	5	9	4	2
2	6	5	4	9	8	1	3	7

047

5	2	1	8	7	9	4	6	3
9	6	7	2	3	4	5	1	8
4	8	3	5	1	6	7	2	9
3	1	5	7	6	8	2	9	4
6	4	9	1	3	2	8	5	7
2	7	8	9	4	5	1	3	6
8	3	6	4	5	1	9	7	2
1	9	2	6	8	7	3	4	5
7	5	4	3	2	8	6	9	1

048

1	2	4	9	3	6	7	8	5
6	5	3	2	9	4	8	7	1
9	6	7	4	2	8	1	5	3
7	3	5	8	1	2	6	4	9
8	4	6	5	7	9	2	1	7
5	9	1	7	8	3	4	2	6
3	8	2	7	6	1	5	9	4
4	7	1	6	8	5	9	3	2
2	1	9	5	4	7	3	6	8

Chapter4 烧脑数独

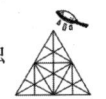

049

8	7	5	1	6	9	4	2	3
2	1	9	6	3	8	5	7	4
4	8	3	7	2	1	6	5	9
3	4	2	5	8	6	9	1	7
6	9	7	4	1	2	8	3	5
5	6	4	3	9	7	2	8	1
7	2	8	9	5	3	1	4	6
9	5	1	8	7	4	3	6	2
1	3	6	2	4	5	7	9	8

050

8	3	4	9	6	5	1	7	2
7	6	5	1	2	8	9	4	3
6	9	3	2	7	4	8	5	1
1	5	9	4	8	2	7	3	6
4	2	1	8	9	7	3	6	5
2	7	8	3	5	6	4	1	9
5	4	7	6	1	3	2	9	8
9	8	6	7	3	1	5	2	4
3	1	2	5	4	9	6	8	7

051

7	8	4	6	9	1	2	3	5
5	1	9	7	3	4	6	2	8
4	6	1	2	5	8	3	9	7
6	2	3	8	7	5	1	4	9
3	5	8	9	2	6	7	1	4
2	3	5	1	8	9	4	7	6
1	9	7	5	4	3	8	6	2
8	4	2	3	6	7	9	5	1
9	7	6	4	1	2	5	8	3

052

6	3	2	7	1	8	9	5	4
9	4	5	1	6	3	2	7	8
8	2	1	3	9	6	5	4	7
7	5	4	8	3	9	1	2	6
4	8	9	5	7	2	6	1	3
2	6	7	4	8	1	3	9	5
5	1	3	6	2	7	4	8	9
1	7	6	9	5	4	8	3	2
3	9	8	2	4	5	7	6	1

053

4	7	5	9	2	6	1	8	3
6	2	9	4	3	5	8	7	1
1	8	7	5	6	9	3	4	2
2	4	3	6	7	1	5	9	8
8	9	2	1	4	7	6	3	5
3	1	4	7	5	8	9	2	6
5	3	1	2	8	4	7	6	9
9	6	8	3	1	2	4	5	7
7	5	6	8	9	3	2	1	4

054

3	5	1	4	6	2	8	9	7
7	8	5	3	4	6	9	2	1
6	9	3	2	8	7	5	1	4
9	2	8	1	7	3	6	4	5
1	7	4	6	5	9	2	8	3
4	1	2	8	9	5	7	3	6
2	6	9	5	3	1	4	7	8
5	4	7	9	1	8	3	6	2
8	3	6	7	2	4	1	5	9

055

6	4	2	5	9	7	1	8	3
7	3	9	6	5	1	4	2	8
8	1	5	4	7	2	6	3	9
9	6	8	1	3	4	5	7	2
2	7	4	8	6	3	9	1	5
1	5	3	9	2	8	7	4	6
3	8	6	7	1	9	2	5	4
4	9	7	2	8	5	3	6	1
5	2	1	3	4	6	8	9	7

056

3	9	7	4	5	2	6	1	8
2	5	1	9	4	8	7	3	6
5	7	9	2	3	6	1	8	4
4	8	3	6	1	5	9	7	2
8	1	2	3	9	4	5	6	7
9	6	5	8	2	7	3	4	1
1	4	6	7	8	3	2	9	5
7	2	8	1	6	9	4	5	3
6	3	4	5	7	1	8	2	9

057

7	5	1	2	6	4	9	8	3
6	2	4	3	8	5	7	9	1
3	1	8	6	5	7	4	2	9
4	7	3	9	1	2	8	6	5
8	3	7	4	9	6	1	5	2
1	6	2	8	7	9	5	3	4
9	8	6	5	3	1	2	4	7
5	4	9	1	2	8	3	7	6
2	9	5	7	4	3	6	1	8

058

4	1	6	8	7	5	2	3	9
3	5	9	1	6	8	7	2	4
5	2	3	6	8	4	9	1	7
7	9	4	2	3	1	6	8	5
8	7	5	4	9	3	1	6	2
9	3	2	7	5	6	8	4	1
2	6	1	5	4	7	3	9	8
1	8	7	3	2	9	4	5	6
6	4	8	9	1	2	5	7	3

059

1	5	6	7	8	2	3	9	4
4	2	9	3	1	6	5	7	8
7	6	4	9	3	8	2	5	1
3	8	5	1	2	7	4	6	9
8	9	1	2	6	5	7	4	3
6	4	2	8	5	9	1	3	7
9	7	3	6	4	1	8	2	5
5	1	7	4	9	3	6	8	2
2	3	8	5	7	4	9	1	6